中国禅宗美学智慧读本

禅艺春秋

周宇 著

文汇出版社

序 言

  《禅艺春秋》的作者是一位加拿大籍华裔作家，在世界各地与他一样热爱禅宗文化的人很多，他们或是华人，或是其他种族的人，通过阅读禅宗文献而从中汲取创作灵感与思想火花。20世纪中叶，在美国出现过一批创作禅诗的诗人，他们中有脱离凡俗、削发为僧的洋和尚诗人；也有曾经体验过参禅而对禅宗深有研究和体会，又过着世俗生活的诗人；更多的只是对禅宗或佛教感兴趣，但对此并无执着追求的诗人。他们所创作的一大批带有明显禅文化色彩的作品成为许多学者研究的对象。

  在相当长一段时间内，中国大陆几乎把禅宗文化与现实生活隔离开来，人们很难接触到来自古代禅师的精神遗产。直到改革开放之后，随着佛教经典与禅宗文献慢慢重新出现在人们的视野之中，当一批热爱阅读和勤于思考的人接触到有关禅的种种文字之后，一种期待已久的心灵感应突然间出现了。这些读书人甚至并不是佛教徒，他们只是在博学多闻中找到了可以寄托心灵的"文字般若"，于是一再徜徉于禅宗典籍与各种公案之中，每每获得的启迪又让他们很想与更多人分享。禅宗脱胎于中国化的佛教，是东方哲学与美学思想的集大成者，因此，不仅在佛教僧团和居士当中，特别是在修禅的信众中学习、研究关于禅宗文化的人很多，即便在一般的学者与作者中，也有通过各种方式阐述禅宗义理和弘扬禅艺的人群。

本书作者在中国大陆长大，以后去了海外，他是一位勤于思考的禅宗文化爱好者。周宇先生是偏向于哲思探索的散文随笔作家，曾著有《雏菊世界》《秘苑玫瑰》等跨学科的前瞻性作品，较早地分别把神秘主义、生态主义和女性主义等时代文化现象进行了有启发性的探讨。他在多年学习禅宗教诲中，于工作的空档不忘回祖国各地禅寺拜访，对"生活禅"理念犹为推崇，在个人信仰上并致力于超越宗教之间的樊篱，以寻求和实践真理为此生重任。目前，居住在美洲、欧洲、澳洲、日韩和其他亚洲国家的华人，与周宇一样对禅宗文化有着浓厚兴趣的人为数不少，一些人认为，通过写作是一种最好的学习方式，可以及时补课，在华夏祖宗那里获得无穷的精神力量和般若智慧。

在这本《禅艺春秋》里，周宇先生以常用成语为楔子，以颠覆式阐释为方法，传达一些自洽的关于世相与人生的感悟，有时以字为意象重新串联起一个个图景，有时则以物为契机遐想对比，新意迭出而不求哗众取宠，谐趣而绝不流俗，力图以感性理性兼备的方式娓娓道来，看完才知文题相关之巧，因此若以"成语说禅"来命名这本书，也十分的恰当，只是担心有读者会把重心落在成语之上，而不是在禅艺之中，才决定用《禅艺春秋》来概括。"春秋"者，不仅仅表达一年四季的时节变化，更是表述对岁月与人生轮回的一种感慨，自儒家经典《春秋》问世之后，许多著作人都喜欢以春秋为名表示对事物的态度。

《禅艺春秋》按篇目内容的侧重，分为七个篇章，分别是经典之禅、静心之禅、风尚之禅、闲情之禅、谐趣之禅、他山之禅、春秋之禅。虽然每一篇章都以"之禅"标示，但并不是每一篇文字都一定围绕"禅"字展开，它可能是一种哲学思辩与文化解读，也可能是一种跨宗教思想的比较与诠释，但最终都落脚于一种"禅思"，以符合禅的精神来归纳与安放自己的观点。

我曾经将《禅艺春秋》中的一部分内容通过微信公众平台"禅艺会",以"成语说禅"栏目的方式发布过周宇的文字,并适时写上几句题记,作为阅读的导引,在读者中引来不少好评。这些题记,会更直接点明周宇的文字与禅宗的关系,例如,在"望尘莫及"一文中,题记是这样写的:"拂拂拂,拂尽心头无一物。一把拂尘在手,万般烦恼扫去。在汉传佛教中,拂尘是一种法器,禅宗更是以拂子作为庄严具,禅师上堂说法开示,即谓'秉拂'。因此,拂尘是说法的表征,更是扫尽烦恼的象征。佛子应'时时勤拂拭,莫使惹尘埃'。"在"有眼无珠"一文前,题记则是:"物自有来去,见性无来去。一刹那的瞬间,从没有开始,也并不会结束。《金刚经》问:如来有肉眼否?如来有天眼否?如来有慧眼否?如来有法眼否?如来有佛眼否?一切凡夫都有五眼,可惜眼睛迷住了,只能用肉眼看见色相,而不能见到本性。"而在"坐井观天"一文中,题记则以一个小公案启幕:"一次,洞山良价禅师乘筏过江,在溪水里看到自己的倒影,豁然开朗:倒影自然不是自己,真正的自己是正在看倒影的这个自己;尘世生活中这个自己也不是真我,真正的我是正在重新认识自己的这个自己。你认识过自己吗?那个明心见性的自己在哪里呢?"凡此种种,题记为读者的展读提供了一个理由与兴致。

周宇的短文,读来气脉流畅,横贯中西,在他的笔下古今中外的典故随手拈来,但又点到为止,有时恰到好处,有时却意犹未尽,但每一种写法都给读者以想象空间。这不由地让我想到了林语堂的文风,这是需要相当知识沉淀之后才能有的境界,而且必须拿捏准确,否则稍一出格,就会犯下大忌,何况笔下讨论的都是些有关宗教与信仰的

话题。以林语堂的"论色即是空"为例,在行文中,他这样写道:

原来"色即是空,空即是色"是科学的,无可訾议。英国科学家 A. S. Eddington,《The Nature of The Physical World》所言最详,我们所见所触的杯盘椅桌,无一非空,只是原子结合而成而原子中间电子绕中心,亦如日会行星绕日之太空。西方哲学家 Hume、Berkeley 以至康德所言,与佛经形而上学的论证无异。也可以说释迦所见,远在康德之前。佛教哲学之所以令学人看得起,就是这辟妄见的论证。只不该因此而求寂灭,度脱轮回的无边苦海。佛家的道理可以一言蔽之,就是"可怜的人生何苦来"?苏东坡何尝不知道色即是空?《赤壁赋》说:"惟江上之清风与山间之明月,耳得之而为声,目遇之而成色。"耳得为声,目遇成色,即声色乃我所见,非目无色,非耳无声,声色在我不在彼。所见声色,非本来面目,非康德所谓 Das Ding An Sich 也。但是我所见之声色,"取之无尽,用之不竭,是造物者之无尽藏,而吾与子所共适"。林子亦愿与东坡共适之,不要像释氏那样悲观吧。

在这一段落中,林语堂论述的对象包括了英国科学家爱丁顿,西方哲学家休谟、伯克利以及康德、苏东坡,可谓古今中外,任意穿梭,而在周宇的文字中,这样的穿梭也随处可见,有时读来不得不佩服他的功夫,有时则会为他捏一把汗。在他的创新文字中,从跨宗教的视角里让人看到了在人类信仰的高处终于汇聚在一起的精神力量。

在"附庸风雅"一文中,周宇这样写道:

说到美,觉得美就像阿芙洛狄忒本尊那样,飞来飞去的花蝴蝶。纯粹的美应该是自由的,她不是属于谁可以占有的物品,也不能通过情人或者夫妻的关系就俘获住。在历史上,婚姻关系的出现大概也正是伴随着私有物品的出现,人类从那时起就偏离了纯粹。

康德说美有两种:自由的美和附庸的美。有人提示说,简单的区别在于是否用目的性来介入审美。自由的美不带有目的性,包括观察者的目的,或者被观察者自身的目的。这很符合禅宗对于人生的看法:当你用目的来考察人生存在的时候,你就陷入了时间,陷入了不能回避的焦虑。一株花草,一块岩石,自然设计出来有什么功用呢?难道只是在无人看到的地方独自地美给它自己看吗?如果必须要回答这样的问题,那就要假定自然有一个目的,当自然等于神、而人又充当了神的代言人时,整个世界都因为目的性的统一而集中到了人的主观自身。

可以看出,在"游来游去"的笔触中,周宇十分大胆地把东西方的神话与思想融合到了一起,并把它们共同的方面抽离出来,而又以"禅的精神"作最后的落脚点。毕竟这本以《禅艺春秋》为名的书,贯穿始终的是"禅",而不是春秋。"春秋"是一个圆的周长与边界,"禅艺"才是圆心与焦点。

如果要定义《禅艺春秋》是一本怎样的书,的确有些为难,它可以说是一本散文集,作者的发散性思维决定了它的广度,纵横交错、东西融合;也可以说它是一体杂文集,作者的诙谐调侃决定了它的深度,嬉笑怒骂、皆成文章;同时也可以说它是一本随笔集或是读书笔记,作者的广采博引决定了它的高度,引经据典,恰到好处。把这些因素融合在一起,或许正是《禅艺春秋》的创新之处。

读《禅艺春秋》不会感到太累，流畅的行文可以让人在午后的红茶中度过惬意的辰光，机智的思虑也可以让人在宜人的春光中消磨慵懒的时光。但是，千万不要以为它是一本消遣性的读物，因为来自新的启示会让你进入沉思，也会让你想去考证事件的来龙去脉，或许，它会成为一个重要引子，把你带入一个更广、更深、更高的领域，寻求自己要的答案。

　　如果真能这样，我想，作家会感到很高兴。如果有缘的话，你与作家就会进入一种穿越时空的对话。这样的对话，在中国的这一代人中，实在已经十分稀罕。

纯道

二零一六年元旦

于太湖禅艺舍

目录

序言 .... 纯道

经典之禅

开门见山 /3
一刀两断 /7
坐井观天 /10
病魔缠身 /14
心安理得 /18
自圆其说 /21
爱不释手 /24
爱莫能助 /27
有眼无珠 /31
求之不得 /34
行之有效 /36
随心所欲 /39
言归于好 /41
狐假虎威 /44
不干不净 /46

静心之禅

愚公移山 /51
九死一生 /54
顾名思义 /57
附庸风雅 /61
白驹过隙 /64

痛定思痛　　　　　　　　/67
美中不足　　　　　　　　/69
洗心革面　　　　　　　　/71
内外交困　　　　　　　　/74
明目张胆　　　　　　　　/76
安步当车　　　　　　　　/79
想入非非　　　　　　　　/81
无与伦比　　　　　　　　/83

风尚之禅

箭在弦上　　　　　　　　/89
群龙无首　　　　　　　　/91
枕戈待旦　　　　　　　　/94
叶公好龙　　　　　　　　/97
名花有主　　　　　　　　/100
乌合之众　　　　　　　　/103
蔚然成风　　　　　　　　/106
三生有幸　　　　　　　　/109
生龙活虎　　　　　　　　/112
不三不四　　　　　　　　/115
大同小异　　　　　　　　/119

闲情之禅

爱屋及乌 /125
无独有偶 /129
缘木求鱼 /133
以鹅传鹅 /136
喜闻乐见 /139
唇齿相依 /142
聊胜于无 /145
守株待兔 /148
铁石心肠 /150
别开生面 /152
见好就收 /155

谐趣之禅

望尘莫及 /161
金无足赤 /164
画蛇添足 /167
刻舟求剑 /170
口蜜腹剑 /173
买椟还珠 /176
咬文嚼字 /178
人面兽心 /180
郑人买履 /182

无心之过	/185
当头棒喝	/187
挂一漏万	/189
五花大绑	/191

他山之禅

肺腑之言	/197
一门心思	/200
诲淫诲盗	/203
一贫如洗	/206
有教无类	/209
来者不善	/212
半信半疑	/215
鱼腹藏剑	/217
信以为真	/220
堂而皇之	/223
通宵达旦	/225
树上开花	/228
安之若素	/231

春秋之禅

苹果有毒	/237
数字垃圾	/241

一望无边　　　　　　/244
浪漫致死　　　　　　/248
海底观月　　　　　　/250
咸言碎语　　　　　　/252
夜空里的随笔　　　　/251
安大略湖　　　　　　/257
高地年鉴　　　　　　/260
存在与生成　　　　　/266
勿忘我，悟忘我　　　/269
旅行禅　　　　　　　/273

后记　　　　　　　/284

经典之禅

开门见山

像大山一样存在,像大山一样思考。

陶渊明在山脚吟道,"采菊东篱下,悠然见南山";修行人在山巅对曰,"此地堪终日,开门见数峰"。不管推开的是柴扉还是山门,两者都很有禅意,同是隐居自然怀抱之中,看到的是同样的大山,实践的是同样淡泊宁静的存在方式。谁在追求淡泊宁静?往往是曾经坎坷颠簸的人;谁在向往归隐自然当中?往往是离开自然太久的人。

发心修行的人向往大山。不只是和尚,道士和隐士也喜欢以山为家,不管是庙是观,是山洞还是茅草屋。比尔·波特(Bill Porter)关于隐居生活的《空谷幽兰》畅销不衰,印证了人们对于大山的向往。山里空气清新、环境寂静,与世隔绝迫使自己沉静下来,这是一方面,另一方面则是将自我置于世界之中获取认同感和归属感——大山是修行的人所找到的另一个形式的自我。这就好比占星术盛行时,人们仰望星空寻求的是启迪和归宿感,星座是另一个带有神秘属性的自我,解读星相犹如解读一本天书。以同样的方式,大山是修行者在世界的幕布上看到的另一个自我,山不仅是用来居住,更是用来阅读、用来领悟的。

生态哲学家利奥波德（Aldo Leopold）曾经提倡说，当代很多人的精神和物质生活中面临的问题，都可归因于人与自然分离太久，我们要回归生态主义、寻找"生态的自我"，要"像大山一样思考"。他说这话的上下文是，人的生命不是孤零零的，你你我我，跟整个天地之间的一切生命和自然联结成一张巨大的网，这是生命的"互联网"，所有的生命相互依存、相互影响。正如佛法云"青青翠竹，皆是法身，郁郁黄花，莫非般若"，生态哲学从这样宏伟的角度上，以一种感性的方式诠释了佛家的"无我"观，主张人们要把"自我"认同于整个"自然"。看见山，看见水，那都是整个自然躯体的一部分；看见树木花草、虎豹牛羊，那都是整个自然生命的一部分，而一个与自然合一的人，就此感受到自己的存在，并且用关怀和感激去对待万物，遍地翠竹黄花都与我有关。古来关于天人合一、物我不二的教诲，也大抵如此。

看到自然、看到星空的人，往往首先看到了神秘超然。关于偶然、必然、机缘、命运之类的话题，成了谈论和思考的重要内容。禅师说，若人初参禅时，见山不是山、见水不是水。这表示他的认知能力已经开始穿透表象，看到更深层的东西。从实在里看到虚妄，却从空灵中看到真实；从瞬间里看到永恒，却从久远中看到短暂。"世界是颠倒的"，他说。他用带着疑问的目光投向所见的一切，像海豚发出声呐信号，用回声中的信息来确定自己在浩瀚海洋里的位置，而他上下求索、四方探寻的目的，只是为了更好地找到自己。能够以思辨的、质疑的眼光去看待世间诸相，就是踏上了寻真之路。

他不只是看遥远的自然，而更是从身边的具体事情上寻找回声。他那神秘的眼睛看见什么事情的发生都是符号，就像活在一个白日梦里，一切的事件都是问号，都当作心理学、潜意识、超意识之类的样本，自我解读。他从众多的问号归结出几个极其简单的问题——我是谁？我为什么在这里？他回避不开这个问号，他在问号的引导下体悟生命与存在，看到世界是美丽的、关怀的，他在审美和感怀之中有了一种释然的感觉，并在平凡生活的枝节上获得了前所未有的乐趣。

他以这样的心态回归生活、倾听生活。他开门，见的却不是山——人生开门七件事，乃是开门见柴，还有米，还有油盐酱醋茶。吃饭时吃饭，睡觉时睡觉，但是他更加懂得沉浸、享受吃饭睡觉本身；日子的好，在日子本身。于是，禅师又说，见山仍是山，见水仍是水。何必深居简出？你自是大山、自是深流，你并不住在房子里，相反，是房子盖在山上、造在水边。开门见山之前，开始领悟生活就是修行；开门见山之后，却领悟了生活就是生活。

而禅宗又名"无门关"，通往自由的门上写着一个大大的"无"字。用比喻来说，门不在某个确定的地方，到处都是门，可是你却进不去，对你来说，门只是画在了城墙上，而你又不是崂山道士可以穿墙而过。然而一旦见闻思修突破了，到处都是门，可以随意出入。

门后有山，一座一座的山，譬如寒山、德山、仰山、洞山等，每个山头都是一位宗师，开门见山的"见"是"见地"之意。寺院每每建立在群山环绕的幽静深处，禅师们也每每以山的名字传世，而他们自己的精神也变得像大山，虽然不知已矗立了千年万年，但每一天都自新不已。过去有过去的存在方式，今天有今天的。"像大山一样思考"，惟有像这些大山们学习见地，才可以开启那扇没门的门。开门见山？或许更是开山见门。不论从哪一扇门悟入，都是进入同一个合一的境地。故此向往有一天，在夜晚的枫桥，在停泊的船舱，我挑开门帘，看到寒山之寺就在岸边,有钟声入耳。拾阶而上,我知道那是提升之旅,在每一步都听得到同样的钟声,一点都不怀疑。

一刀两断

禅的智慧是斩断乱麻的快刀。

有则禅宗公案这么说：一日，一向宁静的禅院人声嘈杂，方丈南泉禅师过来看，原来是东、西两堂争一只很可爱的猫，都说是自己那边的。禅师就提起猫来说："道得即不斩。"意思是你们说一句符合佛法大意的话，我就不斩此猫。众无言对，南泉于是一刀下去，斩猫儿为两段。

这个典故出自《碧岩录》，该如何解读呢——是"一刀两断"还是"乱者当斩"？一刀两断，断绝烦扰问题的根源，落得个清静；乱者当斩，是对乱麻般的烦恼在形式上加以剪除，重新来过。这样解释都挺拗口的，更恰当的理解是——禅修本来是"不二"法门，超越人人都有的分别心、取舍心，乃是生命的真谛，像这般纷争，已然违背了真谛，禅的生命已死，故此给你们看，你们现在就是这个死状。

僧众们执着于猫，仍然是没有走出心迷，却是可怜了猫的性命。在此事过后，赵州和尚来访，南泉讲述这件事给他，赵州就把草鞋顺手脱了，戴在头上出去了。南泉赞道："你当时若在，恰救得猫儿"。赵州的意思是：这种执迷，是本末倒置也。当时如此回答的话，自然南泉就不用斩猫了。

禅宗讲悟道，重视的是"机"这个字，因此有"禅门机锋"之说。在此时机一刀下去，小猫变为两截，是谓"当机立断"——当然，这是一个文字游戏；南泉一剑下去，最关键的是时机。南泉一方面是解决问题，另一方面向弟子们展示了一个悟道的机会，也就是那一刀将落未落之时。古人论"机锋"如两军交接之危、坡头累卵之险，似乎是常能从中看到杀气、看到生死交错的边缘。

禅宗讲究斩断意识，不怯于偶尔露出一副凶相。赵州和尚与官人游园，惊走一只兔子，官人遂问："和尚是大善知识，兔见为什么逃走？"赵州答曰："老僧好杀！"好杀倒未必，智慧如剑却是情实，生死交错的时机也常常让人大彻大悟，"向死而生"。雪峰禅师领着僧众下地干活，看到一条蛇，于是用棍子挑起来，对众人说，瞧一瞧看一看，然后咔嚓一下用刀砍成两截，丢到一边继续锄地，好像什么都没有发生。弟子们惊奇，禅师却说：这多干脆！是，当断则断，然后该干嘛干嘛，事情已过不留痕迹。

《碧岩录》最后一则录了两句答问。问："如何是吹毛剑？"那无比锋利的智慧之剑，到底是怎么回事呢？答："珊瑚枝枝撑着月。"如每一个珊瑚的枝梢都托着圆月的身影，那温和、静谧的夜色，而杀气去了哪里？时机，就在这珊瑚与圆月相接的那一瞬间。

禅宗之剑不仅是快刀斩乱麻般破解一切妄相，而且在于这若即若离的一个无言的巧合。人们常说，机不可失、时不再来，什么是时机？不就是一种天意与人事之间的巧合吗？是巧合，让人体会到什么是幸运、什么是缘分、什么是觉悟，而这些都是不能以思维理解也不能预测的，甚至也不能用言语说清，只有当事人自己来体会。那若即若离

的一刻是神秘而美妙的,并且因为我们当时的领悟而立刻成为永恒;那一刻的幸运,那一刻的幸福,毕生都会一直存在于我们的内心世界。

浪漫的本质就是这种若即若离,也许是街边的偶遇和对望,也许是相伴一段路程的微妙,也许根本是玄妙不可言。云门问僧:"释迦牟尼与眼前诸事相交,是第几机?"——以佛眼来看眼前的种种琐事,是怎么一个情景呢?然后他又自己答道:"南山起云,北山下雨。"

这看似毫无交涉的双方,在整个世界的一体中,就这样地一起在着。南泉说,道得就不斩;你说出一句富含哲理的话,这浪漫就凝固,整个世界就凝固成一幅画,贴在你的墙上。这句话是:"我们从来没有相聚,从来也没有别离,看,在那一刻永驻的风景里,一边是我,一边是你。"

坐井观天

静水流深，表面宁静，却充满内在的韵律。

修行到了一定境界到底是什么样的体悟呢？百丈淮海禅师回答："独坐大雄峰！"在山顶坐禅，天地万物尽览眼底，足以衬托一个人胸怀气象的超凡。可是在一个晴朗的圆月之夜，你有没有这样的幻觉：天上的皎皎明月，也许只是一眼无比深邃的井的井口，是虚的，我们透过井口看到外面的一片圆圆的明空；那夜幕看起来虽是虚空，实则可能是坚实而高不可攀的井壁，你虽然独坐峰顶，或许实则是在井底仰望。

所以当青蛙在井底跌坐，心里一点都不着急；坐禅的人，不能着急"怎么才能出去"这个问题。僧问石霜性空禅师："如何是祖师西来意？"禅师回答说，若人在千尺深井中，不用绳索，你能让他出来，那就是这个问题的答案。眼下就是没有绳子可以登月，从这个井口爬出去，所以，继续坐禅。

坐禅要坐多久才是尽头呢？释迦牟尼在菩提树下坐了七天七夜，然后开悟了，起来走了出去；而菩提达摩坐禅达九年之久，终日面壁。可是达摩本来就是开悟之人，可见坐禅跟开悟并没有因果关系。就像禅师说的：如果磨砖不能成镜，坐禅何能成佛？关键不在坐，而在悟。坐禅的定义是：安定身体平静不动，固定心念集中一处。通过呼吸融合身心为一体，身心一如安然，而"坐"则寻求身息心的统一和谐。对佛家弟子来说，包括俗家弟子，戒、定、慧三者是修行的三方面，少了哪个都不行。单靠坐禅不能成佛，除了定，戒就是生活上的约束，慧就是思维上的训练。所以青蛙坐禅只是外表安定，内心深处并不是宁静的一潭死水。

在"井"字中间画一个圆点，就是"丼"。日语经常用这个字，不过它的含义却是盒饭：四条横竖是盒子的边框，中间一个点是饭团上盖的一小块咸鱼。即便只有靠咸鱼下饭，这个形式美却是不减少。"丼"的汉语读音读若"胆"，字面意思为向深井中投入石子时产生的拟音词。松尾芭蕉的俳句写道："古池塘，蛙儿跳入水声响。"这声音就是"丼"。坐禅是参禅，而禅是什么？禅是石子坠入井水的声音，禅是单手击掌的声音，禅是月光落于窗棂的声音，禅是竹影扫过台阶的声音。禅是声音，世间一切的声音都是禅的声音，而老子说"大音希声"，听不见的声音更微妙。用"声音"两个字是形象化了的，"韵律"这两个字才更贴切。

青蛙坐在那里，就是丼字中间的点，他是韵律的本体。他的生活中一切喜怒哀乐和锅碗瓢盆都是韵律，都是禅意的天籁之音，因为禅在自身，就像是点燃了自我内在的烛光，那么就照亮前后上下一切诸相，换言之，在一切诸相都寻得到来自我内在的烛光。禅宗说明心见性，大概就是这个意思。所以对肉眼所看到的嘈杂混乱，坐井观天，要以慧眼观之，才得以体味天籁之美。就像咸鱼下饭，一样可以审美地过。青蛙趺坐，安然自身，并不像旁人猜测的那样感觉空虚无聊。

开悟到底是什么神秘的境界？要回答这个问题，请想象这个情景：一只兔子不停地疯跑，不停地问每个遇到的人："到底什么是安静？"你回答：嗯，你安静下来，就安静了啊。对开悟的问题也是一样的，当你开悟时，你就开悟了。禅师说，不要四处乱找开悟的方式，收心，闭上眼睛观察自己，了知自己并没有必须开悟的需求，那么你反而就开悟了。"人在千尺深井中，不用绳索"，小僧不解，复问禅师："到底怎么才让他出来呢？"禅师怒喝："笨！谁在井里？"

僧问的是，什么是关于这世界的真相？月亮到底是贴在天顶上的一张圆饼，还是一个空荡荡的圆洞？如果是空洞，那么我们就是在深不可测的井底；如果是圆饼，那么井就是虚幻的无稽之谈，哪里有谁在井里呢？禅的问题，在于人的认识本身，随着一念之转，认识变了，整个世界也就变了。参禅的精髓，参的是自己的认识。

青蛙坐禅，我们也不知道他开悟了没有，不过那又有什么关系呢？井字中间的点，他是落入井水的石头，在接触水面的刹那间激发出一层一层的涟漪，并在四壁之内荡起幽然连绵的回响，这是一块石头的审美人生。生命短暂，就像《盗梦空间》这部电影的寓意，从汽车冲出大桥到坠落水面的几秒钟，整个世界在拓展，在变幻，禅宗的"红炉一点雪"，大抵也是如此意境。你可知，在同样的明月之下，在无人欣赏的群峰之巅，雪莲听见自己开放的声音，那是雪莲的审美人生。遥相呼应，两者并没有什么本质的不同。青蛙和雪莲夜观天上的明月而遥遥相望，这一刻的亲近仿佛就在彼此的身边。

慧寂问沩山禅师，"如何出得井中人？"沩山就叫他的名字："慧寂。"慧寂应答："在。"沩山就说："出来了。"你并非在井底受困，你并无更自由的别处所去，存在本身就是禅理，生活本身就是意义，而一个不被社会成见、世俗价值牵制的你就是自由的。所谓绳索就是外来的救赎途径，你并不需要妄自菲薄而外求，因你根本无须救赎。于尘世之我之外也并没有另一个"真我"，不论是天宫境界的灵体，或是河外星系的外星人。洞山良价禅师参禅经年，有一次乘筏过江，在溪水里看到自己的倒影，豁然开朗：倒影自然不是自己，真正的我是正在看倒影的这个自己；尘世生活中这个自己也不是真我，真正的我是正在重新认识自己的这个自己。

在高行健《灵山》的末尾，那只青蛙出来了，在雪地里跟作者对视。它睁着一只眼睛，另一只眼睛眨巴眨巴。高行健说，我知道，这是我的神，他眨眼，就是在跟我说话。青蛙不是神，他就是你，他就是我。那么多人谈论指月的手指，谈论水中月的虚幻，但是坐井观天的青蛙却知道，如井望月，月也是空，淡然忘却关于限制与牢笼的纷纷纠葛，应如孩提般纯真的眼瞳，观望自然而不加评判。

病魔缠身

缠中说禅，佛魔不二，身心不二。

朱德庸有个漫画系列，叫《大家都有病》。人人都知道，这病就是心病，每个身处社会夹缝中的人都有各种各样的症状。心病貌似跟职业有很大关系，文艺青年一般爱得抑郁症，领导爱得焦虑症，牙医爱得强迫症，手上有了些钱的人常常受到囤积症的困扰。而今生活水平提高了，是非也多，精神病分类已经发展到足有上百种，这些症状为朱先生的漫画提供了取之不尽、用之不竭的灵感源泉。在病人的世界里，得病是常态，不得病反而成了病态。李承鹏理直气壮地说，自从得了精神病，整个人就精神了。

南怀瑾总结说，人类的世纪之病，19世纪是痨病，20世纪是癌症，21世纪最显然的是什么呢？就是精神病。痨病早就很容易灭了，癌症也在逐渐攻克之中，而朱德庸的结论是，心病是根本没得治的，唯有去习惯它，跟一个荒谬的自己和平共处。现实就是荒谬的，最高乐趣就是荒谬本身，不要企图对任何事情予以解释。这个荒谬非常存在主义，那个所谓荒谬的自己，大抵也就是一堆勉强用社会关系的绳索捆扎起来的积木玩具，穷其一生都在为了平衡、搭配、张力、释放这些物理概念而耗费精神。

　　因为现代生活方式下的心理压力而造成体质水平不佳,这是很多人常见的归咎辞令。所以除了统称休闲养生的减压手段,人们也心甘情愿地花钱去租心理医生的耳朵,他的耳朵就是强功率的吸尘器,能把积攒多年的灰尘碎屑垃圾等全都吸走。用"鸡汤体"说就是,心里的小花园清扫整洁了,整个身体的大草原就充满了阳光。

　　但是如果身体的病从心而来,心病又从何而来呢?老子说,"吾有大患,为吾有身"——可见心病其实又是来自于身,身与心互为因果。心病还不算最大的问题,不信你看那些穿着白大褂拿着注射器的精神科的医生,治了一辈子治不好一个人。哲学家说,能治好才是幻觉,不然现实岂不是失去了可贵的荒谬性?医生们努力地用治病的幻觉把病人们紧紧固定在永远生病的状态,这件事情只是跟生计有关,跟哲学不搭界。老子的意思是,在一个以身为本的哲学世界里,心天然地就有病,知道了这一点,就不用去看心理医生了,用句最时髦的话来说,求医不如求己。

　　维摩诘居士生了病,文殊菩萨跑来看望,问他:"你怎么病的?病了多久?怎样会好?"他答道:"一切众生病,所以我病;一切众生不病时,我就病愈。"其实维摩诘也是菩萨化身,这段对话是在表演双簧。维摩诘说:"从痴有爱,则我病生。"凡夫一切心病之源都在于痴爱,这痴爱又总是落实于这个火土气水四大合一的身体。这样来说,跟老子的"吾有大患,为吾有身"是一致的理念。

　　我忽而觉得,在某种角度上,众生、菩萨和佛可能并不是三种分立的独立角色,而是三位合一:众生是存在之表相,佛是本质,菩萨即是行动、是具体、是关系、是途径。静相是有形的存在,动相就是菩萨行。马祖禅师说"即心即佛",并不需要离却此心另求佛心,也不需要苦修苦参去"成为"佛,不该离却此相另求佛相,佛本来已经就是"现成"的。洞山禅师说,什么是佛?麻三斤!——有人从字面上揣测,学佛就是"快刀斩乱麻",慧剑斩断理不清的红尘生活就清静了。但禅师其实也许是在说,佛就是存在本身,就是生活这团乱麻本身。又不妨说"即心即魔",心病就是病魔,痴爱就是病魔,缠绕着四大合一的我身。林忆莲唱过一首《痴缠》,歌名有趣,缠中说禅,痴爱也就不痴爱了。

存在是荒谬的,佛是使荒谬成为不荒谬的方式,菩萨就是行为。常说"菩萨行",而没听说过"佛行",菩萨不一定是具体的人,每件成就自己的物品和事情,都是菩萨,正好比佛性无处不在,菩萨行也无处不在。但是菩萨并不是拿着净水瓶给人赈灾送子发药赐福的神仙版的陈光标,那种情形下,有没有饥民,丝毫不影响大慈善家那太阳般的光辉。菩萨行为的施主和受主则是价值对等的,方程里如果没有你,另一端的菩萨也就不成立了,就像克尔凯郭尔说的,关系本身是真理,从而处于关系的双方都成为真理的一部分。综上所述,菩萨行就是一个个的机缘,机缘的一方是你,另一方则是随时变化的,相当于说,时时都有无数的菩萨在你所探及之处。机缘、关系的织构,形成有机的种种生命进程,人的存在该由这些动态进程来定义,佛性如永恒浪涛上的粼粼波光,并无神秘,而属自然。

存在之所以显得荒谬是因为误以为存在是静态,并因为这静态感而升起关于实相、关于执着、关于痴爱的心念,化为心魔之相,久治不愈,索性死猪不怕开水烫了。但越当真,就越执着,心病的症状只会自然加重,把自己缠得越紧,又如何解脱呢?缠中说禅,佛魔不二,身心不二，当病不是病时，解脱也就是不解脱，缠也就是不缠，荒谬也就是不荒谬了。我不愿荒谬地钉在那里一动不动,我就是具体的行动,我就是菩萨行，活在生命的种种流动与交联当中。

心安理得

自己原本就是解脱的自由人。

等到白雪变红？慧可在雪地里立了一夜，积雪没膝，始终等不到天上降下红色的雪。但这是达摩老师的考题，白雪不变红，就不答应他探讨禅理的请求。于是他挥刀断臂，用鲜血把白雪染红，这才得以跟达摩谈上一两句话。不过他不知道，为了这一两句话，达摩等得更辛苦，他面壁而坐已等了足足九年之久。

慧可问道："我心不安，请师父给我安心！"达摩回答说："哦，是吗？你把心拿来，我给你安！"慧可沉吟了一会儿，无奈道："我找不到哇。"达摩微笑说："嗯，那我已给你安心完毕。"

两个人付出了这么大的代价，结果就是这么简单的几句对话。心安理得，心安了，所言所行就都符合真理——然后慧可就继承了衣钵，成了禅宗二祖。但叫人砍掉胳膊，祖师怎么这么狠呢？禅画里的达摩的确有一股狠劲，尤其在日本人笔下，总是双目圆睁，满脸络腮胡，还真的很有屠夫的仪范。

不过爱世人的耶稣也说："如果有一只眼让你跌倒，就把它剜出来丢掉；如果有一只胳膊让你跌倒，就把它砍下来丢掉。"

所幸这些都是比喻。慧可是被强盗砍断了胳膊，所谓立雪的事怕只是后来人的杜撰。以鲜血来献祭的求道之心，充满不怕牺牲争取胜利的革命浪漫主义，用于讲究苦行苦修的小乘修炼还可以，用来说明禅宗一门就显得多余了，因为禅宗讲心悟、智慧，讲究无道可求。

耶稣说，缺胳膊少腿地上天堂，总强过四肢健全地下地狱，不过他这番话的核心词语是"跌倒"，也就是"犯罪"，砍胳膊挖眼睛是从根子上消除罪恶之源，也就是肃清自己的头脑思想、人际关系，如果有什么追求让自己堕落，就根绝那种追求；如果有什么朋友拉自己下水，就从此跟他断绝来往，等等。

如果达摩真的说过跟耶稣类似的话，那么意思应该也是差不多的。又或许，如果他真的有预见未来的能力，他也许是看到了自己开创的是一条遍布杀机的路，如玫瑰点缀苍白的人间大地。达摩自己就遭别的法师忌恨，后来被人数次投毒，终于毒死。当时的慧可也是大法师一名，也曾经不把达摩放在眼里，如果要为了自己的名声，一刀砍下去就是了，因此白雪变红的说法，可能达摩说是可以把他自己杀了。佛门慈悲，禅门的祖师地位却总有人不惜武力夺取，六祖惠能被同门师兄追杀了十几年才敢出头露面，六祖之后就不再有祖师，也不传衣钵了，省得人抢。

但是禅毕竟是生命真谛，禅是活法，而且是有智慧、有喜乐的活法，一种心安理得的活法。巧得很，达摩之后，祖师们的衣钵传承，也多是因为跟最初相似的简短对话。僧璨问慧可："我被重病困扰，一定有罪，请帮我忏悔罪过！"慧可说："把罪拿来，我帮你忏悔！"僧璨回答："我找不到罪在哪里。"慧可说："那我已帮你忏悔完毕。"于是僧璨成为三祖。道信则问僧璨："请您教我如何解脱！"僧璨回答："解脱？

谁绑着你？"道信答:"没人绑着我啊？"僧璨道:"你还求什么解脱？"道信听到这里，也就大悟了，成为四祖。

可以总结说，心安理得，罪忏理得，缚脱理得。但是不论心、罪还是缚，都是妄识，所以才说找不到——如此说来，"理"就从来都在人自己这里，无所谓得不得；罪过、欲求等精神性因素，是人自己当成实实在在的东西而把自己束缚了起来，心为心所累——"心为物役"只是它的表象。他们能够看穿这点，所以成为自由人，所以成为大师。以上对话证明，成为大师也不是太难的事，只要你能调转枪头来否定自造的束缚，简而言之，就是体悟自己原本就是解脱的自由人。那么耶稣说的跌倒是怎么回事？跌倒就是不认识生命，而选择了信主耶稣也就选择了生命，也就不必再为罪而忧心忡忡，你就心安吧，但条件是必须以真正生命的、得理的方式活着。总之，生命的本真，正是最自然、最可靠的事。

自圆其说

说到最后，还不如画一个圆相来说明问题。

有首著名的歌里有这么一句唱词："有一个老人，在中国的南海边，画了一个圈。"这里说的是30多年前开始改革开放的事，闲话少说，画个圆圈，干脆利落，从中就创生了一个特区和整个当代中国的蓝图。

圆圈是魄力，也是魔力。孙悟空外出化斋之前，先用金箍棒在地上画个圆圈，让其他的师徒三人坐在圈内，妖怪来袭时，地上的圆圈立即放出光来，妖怪不能进入。别以为他是随便画的，怎么不画个正方形呢？

苹果手机偏好圆环设计，绝不是轻易的选择。且看苹果公司总部的未来主义建筑，跟所有科幻电影里想象的雄伟霸气、机器感十足的大楼相反，苹果大楼是一个极简主义的圆环。如果不是曾经潜心参禅的乔帮主亲手设计，手下也必定是参透了帮主教诲的精髓。城市中心总是充斥着高耸入云的阳性符号，好像一丛丛的蘑菇，相比之下圆环这个符号阴性十足，它是满月，体现着包容、孕育、永恒、收纳、平衡、神秘等特质，并且有一种天然的神圣性，因此像婚戒和皇冠这种神圣性的佩戴物，必定要设计成圆环的形状。

绕着苹果圆环的走廊走一圈，你也就完成了苏菲诗人跳圆圈舞的一次回旋，或者禅师绕着禅床踱步的一周，或者皇帝带领群臣沿着天坛行走的一圈。这都是某种形式的隆重礼仪。在这场礼仪里你不是在向乔老爷的在天之灵致敬，而是在亲自体味某种神圣的永恒，并希望某种神秘的能量、祝福或者启示进入你的生活。

这圆圈有讲究，称作"圆相"，代表真理抑或佛法、道行的圆满与绝对，儒道释都有差不多的认识。道家在这个圆圈里看到空明超越，炼金家看到纯洁永生，儒家看到生生不息，平凡人家看到里面有一只非常非常能生的兔子。外星人如果架起望远镜看的话，或者也会认为苹果圆环是地球的图腾和文身，并且为了发现这样一个有精神追求的人类世界而欣喜，开着圆盘形的飞碟来投奔和平。

极简主义并不简单，所谓大道至简，表象的极简里面包含着对最复杂问题的巧妙解决。圆是零，零是无，零又是一切，无始无终，是始是终；圆也是自然，自然有其生生不息的韵律。道家喜欢搞修炼，小则养生，大则成仙，常以当空一轮圆月代表与道合一的超凡境界。圆月垂天边，这是天地万物浑然一体的标志。佛家同样要进入圆相境界，不过，禅宗并不讲求那种嫦娥奔月式的神秘逃脱，而是在参悟之后，仍旧是该干什么干什么，把整个世界都放在圆相里。

所以禅师们现身说法，千言万语说累了，有时候就干脆画一个圆，自圆其说。《碧岩录》第六十九则录：南泉、归宗、麻谷，同去拜访某人，到了半路，南泉于地上画一圆相云："道得即去。"归宗于圆相中坐，麻谷便作女人拜。泉云："那么就不去了。"

入圆相而坐，就是进入无上澄明的超越之境。通俗点说，就是人认识自己的真性本心。归宗于圆相中坐，就是表演"明心见性"的意思；

麻谷作女人拜，是模仿婢女见主人，同样是关于见真性的哑谜。于是南泉说，既然都见到真性了，还寻找什么啊，回去吧！哎，这不是自相矛盾嘛：一开始他说"道得即去"，等到每个人都道出佛法大意了，他却说不去，看起来，正如王徽之的乘兴而来、兴尽而返呢。

不过，如果整个世界都在圆相里，那么又有什么必要离开世界、幻想去别处寻找乐园呢？而凡俗生活的琐碎，"一轮明月照九州，几家欢乐几家愁"，喜怒哀乐、阴晴圆缺，其实全都包容在完满的圆形里面，这些事情本身就是修行，可不是只有念经打坐才算。

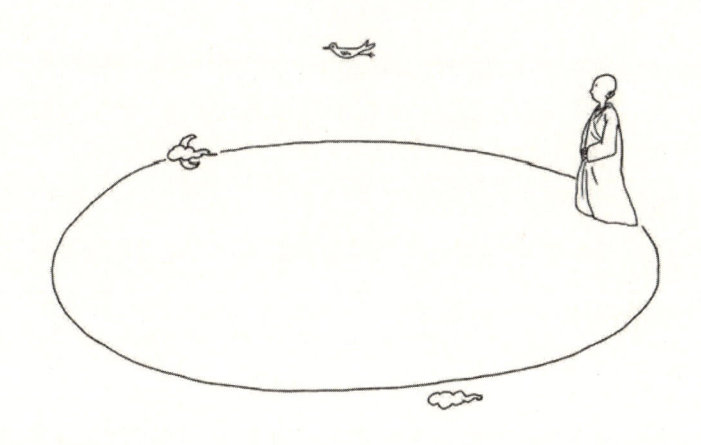

爱不释手

追求外在，还是认识自己的内在？

传说有个外星人小组到地球来考察，造访一番以后，回去汇报说，地球上啊，遍布着钢筋水泥的森林和公路，那里生活着一种叫做汽车的生物，它们的体内寄生着一种寄生虫，叫做人。汽车想去哪里都不由它们自己，完全取决于这些寄生虫们的操纵。

这个故事告诉我们，换一个视角，世界会变得有趣而怪异，同时又有某种真实性。操纵宿主大概是所有寄生物种的共性，在生物世界屡见不鲜，病毒可以操纵细菌，细菌可以操纵虫子，虫子可以操纵更大的动物，就像孙悟空在铁扇公主的肚子里，被寄生的人只有按着寄生者的意志行动。卫斯理早年则有一部科幻小说《眼睛》，讲的是有一种邪恶的外星生物寄生在人类的身上，不是一人两人少数人，而是控制了这个可怜的地球物种的所有成员，让人类社会不断朝向更加邪恶的方向发展。这个邪恶生物就是眼睛，透过一个人的眼睛，你看得到恶毒、贪婪、诡诈、淫荡等各种不加掩饰的邪恶本色。

相似地，人一样也可能被自己的手所操控，做坏事的从来都是那双贪求的、邪恶的、淫贱的手，就像是寄生在人身上的另一种邪恶生物。

人们编写这类故事只是为了证明自己的无辜，把一切责任都推卸给手、推卸给眼睛。"金盆洗手"这个仪式，恰如给罪人的洗礼，只不过把罪恶都归咎给了手，只需要给手施加洗礼就可以了，被恶手寄生的人则是纯洁的小白兔。《圣经》的态度也是大力支持："若是你的右眼叫你跌倒，就剜出来丢掉；若是右手叫你跌倒，就砍下来丢掉。宁可失去百体中的一体，不叫全身下入地狱。"

但你不该相信，上帝如此溺爱人类。工地发生火灾，该惩罚负责管理的工头，而不是制造了火星的焊工；牛奶出了质量问题，该惩罚的是负责生产的经理，而不是送奶的农民。上帝怎会主动为了人类开脱，说这都不是你的错、全都是手的错呢？

可是，上帝当时在讲的道理却是"不可奸淫"，跟手和眼睛都没有关系，骨子里还是说人本身。修道的人往往贬低淫欲，认为人是最大的罪恶，与其让犯罪工具使人跌倒，不如砍下来丢了。当然这是比喻，但至少也要功能上切断，要戒。那番叫人砍手挖眼的经文，要的也只是在功能上的切断——看，但是不见；触，但是不取。上帝的考核标准是非常严格的：凡是人起了贪恋的心，就是已经犯了奸淫。

贪爱的心，爱不释手，接下来，手不释卷、不释财、不释房产、不释旧情、不释这样不释那样，人与人、人与物的世界，依着"不释"的关系形成了千纠万葛的一连串。心里不起贪恋，也就算不上犯奸淫；心里不起贪恋，跟右眼右手就不是邪恶的一丘之貉。不贪之爱，应该是单向度的爱，只伸手而不攫取，当然更不能不释手。

所有的和尚都姓"释"，这个显而易见的事实标示了佛家对于爱的基本立场。不能释手的爱是常人的贪爱，其实也是单向度的，方向却刚好相反。能否释手，足以作为检验真爱的标准。佛家修行的第一条准则就是"戒",因戒生定,因定生慧。西游记里的猪八戒以猪的形象出现,代表人类贪欲的化身,也只有他从嫦娥、高小姐到蜘蛛精一路爱爱爱爱爱爱爱爱不完,所以他的使命,无他焉,戒戒戒戒戒戒戒戒。

释然的爱是什么样呢?掌心向下的攫取的手,换成掌心向上的托举的手。就像牛顿说,我看得远些是因为站在了巨人的肩膀上,在爱里的人也可以说,我走得远是因为站在了爱的掌心。这又是另一种不释,而这种不释的对象必定不能是物,必定只能是另一个有爱的能力的人,也必须是一个足够坚强的人才能负担得起。如果我只有两只手,那么把手都转过来向上托举都还嫌不够,哪里还允许其他的什么东东让自己不能释手呢?

爱莫能助

科学不能对付死亡的问题,但哲学可以。

量子世界的老虎是这样打的:你往任何一个方向打一枪,都有一定的几率打到它;但是如果你越认真地去瞄准,那么你越是打不着。像爱因斯坦那样,电脑一般的强大而精确的计算能力,一二三四五,反而保证了他根本打不到老虎。所以可以理解,爱因斯坦一点儿都不喜欢量子力学。"上帝不会掷骰子!"一直到底他都很坚持这样的观点,也为不能理解这只老虎的怪诞行为而留下深深的遗憾。

时不时,量子世界所描绘的诡异世界图景就会进入人们的转发朋友圈,比如量子世界是概率的世界,受测不准原理统辖,又比如量子世界的超距作用,使得一个耦合的粒子可以在瞬间影响哪怕远在宇宙边缘的另一方。自从玻尔研读《道德经》以来,物理学家就屡屡从东方的道家和佛家经典里找到跟大千世界的奇妙情景相应的文字,最古老的哲学与最现代的科学相映成趣。而更重要的是,科学因而走出了冰冷的物体世界,进入与人本身有关的主观世界。

在这个比喻里,老虎代表死亡。人固有一死,这件事是肯定的;而在什么时候、以何种方式死去,这件事情则不确定,惟有事后才能知道。所以打老虎也就是关于死亡这件事,"爱莫能助",爱因斯坦也帮不上忙。然而爱因斯坦要是生在中国就不会这么犯难了,因为这只量子老虎完全是东方哲学的做派,这里最不缺的就是类似是而非的矛盾,而死亡正是一个哲学问题。

面对死亡,有的人不怕死,就像武松打虎,明知山有虎偏向虎山行,直面死亡的使者拼个你死我活,这得说是革命斗士的精神。从前有个口号叫"一不怕苦,二不怕死",正是反映了这种革命的大无畏精神。

有的人则拆穿说,这个老虎是纸老虎,是假的,只有个老虎的外形,撕开一看里面是空的,所以怎谈得上畏惧呢?由此,面对老虎的态度,前者的态度亢奋,后者的态度淡泊。但是上山打老虎是每个人该主动履行的职责,如果只是坐等这个哲学问题最后扑上来自己却没有答案,那会有玩忽职守的嫌疑,不能算是合格的毕业生。大无畏精神不拿生命当回事,纸老虎精神不拿死亡当回事,这两者哪个更合理?应该兼而有之,还是寻找第三条道路?

且说宋时有个纸衣道人,经常赤身裸体穿一件纸做的衣服,很有住木桶的第欧根尼的风范。想来,以纸做衣,可以解作人世一切浮华如过眼云烟,跟水缸有一比。纸衣道人曾拜谒著名的本寂禅师,禅师见面寒暄已毕,开口问道:"如何是纸衣下事?"穿着纸衣之下,有何证悟的道理在呢?道人回答说:"一裘才挂体,万法悉皆如。"他回答的是道家的境界:穿上纸衣,悉知人人乃是自由的元神,住于肉体之中就像穿上一件衣服,活灵活现、进退自如、千变万化、诸法无碍。禅师又问:"如何是纸衣下用?"那这纸衣到底是个什么用法?道人说好,我给你演示啊,倏地一下就元神出窍,走了,徒留肉体。

禅师喃喃说道:"你只知道怎么去,可知道怎么来?"

道家讲"出神入化"的修炼神通，一旦达到成仙境界，死亡就是个虚空的事情，不存在，是个纸老虎。禅门倒也有僧人以此为榜样，跟人打赌，说，你点一炷香，我坐禅，香烧完我解脱不了，算我白修这么多年。果然，一炷香没烧完，他坐在那里就没了气息，称作"立脱"。在这种人看来，这就是达到了"了脱生死"的来去自由境界。

　　禅理说"心外无法"，不应把人的生命截然分成灵魂和肉体两个部分，以为灵魂只是住在肉体里面却不属于肉体。从净化灵魂、轻视肉体的立场出发的修炼，一开始就是出于分别心，尚不能算是正见。因此，禅师们从不注重宣示那种骇人的神通，有时即便有些不可思议的事情也藏起来不说，怕人执着神迹而误入歧途。《宗门武库》记载，大慧宗杲禅师有天看到有人在墙上画了一幅骷髅，旁边还有题诗云："尸在这里，其人何在？乃知一灵，不居皮袋。"大师看了，摇头叹道："即此形骸，便是其人；一灵皮袋，皮袋一灵。"肉体和精神是一个完整的有机整体，不要妄想自己只是乘坐肉体的车子到地球上旅游。

　　回到本寂禅师，他所问的问题是："你可知道怎么来？"如来佛的名号为什么叫"如来"而不是"如去"？这时纸衣道人的元神在半空听到，就又回来，睁开眼睛对禅师说："那你说，以后我不借助肉体，就在神灵之界变化，这功夫算不算比较大？"禅师说："不算。"道人说："那您说，要怎么才算？"禅师说："不借'借'。"在那境地，你虽然不借助肉体，你毕竟借助神识，那是另一种形式的"肉体"——虽然在这个空间无影无形，但在那个空间得算是你的形体。既然如此，何必舍此逐彼呢？如果你不借助"借助思维"，放下借助某种"形体"的心态，那才是真正来去都自如，也就是说，随缘应化，别拿肉体不当件东西。通俗点讲，别老穿着件纸衣服，既然穿就认真地穿。

既然活着，就认真地活着，而既然要死，也就从容地去死。可见，不拿死亡当回事，不拿生命当回事，都是偏颇的态度。有人提问说，你是否足够认真地对待你游戏般的人生？人生虽然是一出戏，但要认真地表演，草草应付的戏没什么艺术价值，然而戏演完了也就轻轻松松地卸妆走人，并无流连，假使为了多一分钟的镜头而左右挣扎，演的人累，看的人也累。佛家不乏这样的例子：某年迈的居士或者法师，言语活泼、精力旺盛，给大家讲经说法不知疲倦，然而说完了，忽然道一声"珍重"，然后立脱。这活法才真是潇洒，死法也潇洒。

爱因斯坦在一旁枯坐了半天，发现压根儿没自己什么事儿。其实这次不是让爱因斯坦来帮忙的，而是请他来重新看待一下量子力学：如上这认真而从容的第三条道路，用量子力学的道理来说，就是咱上山打老虎，但是不用费劲找老虎了，随便放一枪，然后该干什么好好干什么。心中有了答案，哲学问题什么时候来都无所谓。耳畔听得老虎的鼻息，道声珍重，跟老虎双双撕开对方，同化于无形。这一个潇洒人生，才叫"酷毙了"！

日本的战国时代，曾有一场发生在两个名将之间的禅机对话。敌将上杉谦信趁着晨雾偷袭对方将军武田信玄，出其不意举刀便砍，同时喝问："若是被我一刀两断，你将如何？"——你将如何抵挡"死亡"？信玄曾经跟随禅师修行，造诣很深，此时信玄正拿着扇子思索作战计划，面对突袭，只见他镇静回答道："红炉一点雪。"烧得通红的炭火上不知自何处飘落了一片雪花，在瞬间即消失得无影无迹。面对刀锋，既没有对生的执念，也没有对死的恐惧。生也好，死也罢，只是无心地举起铁扇招架而已。这就是禅对死的回答。

有眼无珠

空即是色，色即是空。观彩虹，犹如观自身。

我想孙猴子在水帘洞前晒太阳的时候，一定也在水花上看到过彩虹。有时候虹在天边，有时候虹就这样近在眼前，然而一闭眼，所有的虹就消逝不见了。

虹到底是有还是没有呢？老孙斜躺在虎皮交椅上琢磨。说无，是断见，明明有七彩怎能视而不见？说有，是常见，明明那是一个光线折射的幻觉。看起来，虹的事不可以"有""无"而论。虹在心中，在梦中。

我说虹就是太阳本身。每个雨滴在落下的过程中都告诉你一个关于太阳的印象，你把千亿个雨滴的信息集合起来，就看到虹。雨滴的下坠是微渺而偶然的事件，这个事件本身并没有任何内涵。当你看到虹的时候，你把意义赋予了这个事件，它立刻因为你而充满了内涵。在这一瞬间，千亿个雨滴分别从云端到地面的短暂存在，都因此而获得了内涵，而你对雨幕投去一瞥这样一个微渺而偶然的事件，也因此获得了内涵。

在这一瞬间你看到虹，看到太阳的另一个姿态。如果你只知道看到了七彩虹而不知道看见了太阳,那是落于"有",也就是相当于说,只见"色"而不见"空"。太阳在你的身后,不需回头,因为看到太阳自身的时候就看不见虹,这时落于"无",相当于见"空"而不见"色"。落于两边都不正确。虹就是太阳,色就是空。

若干年前的一天,上帝看到人间千亿个生命如雨滴坠落般短暂,上帝在对雨幕的一瞥中看到彩虹,他说,就让这虹作为我所立的约,与地上所有有生命的活物——如人类,如鸟兽,若卵生,若胎生——所立的约,凡有生命的必不再被时间的洪水翦除。人生有什么意义?这个偶然事件本身并没有内涵,除非有人或者有神来赋予它。彩虹立约的那一瞬间,所有人生因此充满了内涵,而上帝的一瞥也因此获得了内涵。人和上帝又岂是两个不同的存在?生命与永恒在这个瞬间合并,全部历史都在这个瞬间里包容。

佛说那一个瞬间从没有开始,也并不会结束,凝望的始终在凝望;我见彩虹,此性恒久,即便说闭上眼,即便说日落或者雨停,我能见彩虹这一本性不会消失,如同钟声敲响或者不敲响,"我听"这一本性恒在。禅师说,"物自有来去,见性无来去"。

佛与上帝那凝望的眼睛里看到什么?《金刚经》一口气向我们抛出来五个问题:如来有肉眼否?如来有天眼否?如来有慧眼否?如来有法眼否?如来有佛眼否?

如来是佛,当然有佛眼;佛即是觉悟的人,所以当然也有肉眼。如果肉眼看到的是亦真亦幻的彩虹,那么在佛眼看到的彩虹是什么样的?或是一种纯粹吧,一种不依赖七彩之相的纯粹?天眼呢?慧眼呢?法眼呢?南怀瑾解释说,法眼看一切众生平等,佛眼看一切众生慈悲,佛所见是永恒之爱所见。

禅师们教导说，一切凡夫也都有五眼，可惜眼睛迷住了，只能用肉眼看见色相。看见虹有七彩，即是肉眼所见；看见虹而且看见以千亿计的落雨纷杂，大略可算天眼所见；看见虹、看见雨，而且悉知虹是日光的幻影，可算慧眼所见；而看见虹即看见意义及永恒，或许可说是法眼所见。凡夫不见如来，而如来时时见凡夫，从无来去，"我见"这一本性恒在。见处即真，所见在什么境界，我自己就在什么境界。因此，我观彩虹，犹如观自身。

又有一天，如来把掌心伸开，里面有"随色摩尼珠"一枚，问五方天王，此珠何色？五方天王各说异色，红橙黄绿蓝莫衷一是。如来收手回来，复又伸出，问此珠这次做何色？天王纷纷说，这回你手里根本就没有拿着珠子啊，哪里来的什么色？如来说，唉，我这个珠子其实是透明的，给你们看真珠的时候，你们偏偏看不见了。

孙猴子想到这里，纵身一跃，跳至九霄云外，遥遥望见远方沙漠深处有一位行者的孤独身影。"我是你的影子"，他心里说，"你在地上行走，而你的影子在天空飞"。且让我化作你的色身，我在每一步的脚印里、在每一刻的风景里，向你指示彩虹。长老，我的每个喜怒哀乐、进退上下，莫不是随你心所显，我就是你的随色摩尼珠，所以，看着我，在你经历磨难的每一程路上看着我，我的名字叫做"悟空"。

求之不得

观自在,向外求索反而得不到要找的东西。

禅宗讲巧合,讲机缘。茫茫大海,盲龟漂浮,偶尔遇到一根浮木,于是得渡,这是禅宗的机缘;不祈祷奇迹的出现,而机缘出现时要立刻抓住。也许这机缘出现在二十年后,也许是明天,学禅似乎就得有这样的功夫,既安之若素,又波澜不惊。基督教说,寻求的,就必寻见——教徒们找寻的便是神,而这种有求必应应该算是一种奇迹。不过,我更愿意相信人这一生寻的是真理。

事实上多数人并不寻求什么,也不在乎小我大我、小爱大爱之类的没事找事。但这跟禅宗的不寻求、不在乎又完全不同——禅宗说,你必须去寻求,才知道原来不必寻求,但绝不能一开始就浑浑噩噩。石头希迁初见青原行思,行思禅师问:"你先前去哪里了?"希迁道:"曹溪。"行思又问:"在曹溪获得了什么?"希迁道:"未到曹溪前并没有失去什么。"行思反问:"那你去曹溪做什么?"希迁道:"若不到曹溪,怎么知道我没有失去什么?"

慧海参马祖,马祖说我这里一物也无,求甚么佛法,"自家宝藏不顾,抛家散走作么?"慧海问什么是"自家宝藏",马祖告诫他:"即今问我者,是汝宝藏。一切具足，更无欠少，使用自在，何假外求！"

临济义玄禅师曾说："若人求佛，是人失佛；若人求道，是人失道；若人求祖，是人失祖。"寻求什么，就错过什么，因为这种心态以为是要寻求什么外面的东西、一种跟"我"相对立的东西。所谓参禅，自始至终都没有离开自己。至于来自道教传统的一些被不少人鼓吹的、玄而又玄的特异功能，绝对不应该是参禅者的目的。

畅销书《牧羊少年的奇幻之旅》讲述了一个少年到埃及寻找宝藏的事情，找了一大圈、遇见很多老师，最后还是回到自家院子里才发现了埋藏的宝藏。这个比喻表达了类似的意思。不过说起来，禅宗其实比这本书的比喻更高明一些，因为禅宗的故事一定不会让他真的找到金银财宝，而是认识另外一种宝藏。铃木大拙曾说过这样一句精辟的话，可资参考："我们不能认为有任何觉悟可得；如果你说自己有所得，那么就充分证明你已入邪道。"生命成长关乎"成为"，而不关乎"得到"。

虽然自性具足，但又不能安于现状不思进取。自我更新的创造性使得自我不断地更加丰富下去；人生应当是做加法，整个世界也是在做着加法，就像那永远膨胀、没有止境的宇宙，在每一个自身都是丰富圆满的，然而在每一刻也都在变得更加丰富、更加圆满。这样说，才更接近拥有无限创造力的禅的本意，而我们自己就是禅理，就是世界，就是生命。

行之有效

谨言，慎行，然而因此必须努力去言，去行。

不懂的人总是絮絮叨叨说着自己的一知半解，比如我；而懂的人，却常常寡言少语，以致一言不发。然而你不是因为他不说话而认为他懂，你首先相信他懂，其次才把他的一言不发作为世上最最奥妙的话。可是，是出于什么原因让你认为他懂的呢？必须先有一种共识存在，这样对你来说，即便他不说，他也依然用行动作为言语一刻不停地宣说，哪怕他在那里坐着不动，他依然是一个符号写在那里，你看到了，就是读了一页只有一个符号的奥妙之书。

佛祖传道，开口是讲，闭口也是在讲。曾有外道问佛祖："不问有言，不问无言。"于是世尊良久。什么良久？就是说，他坐着，非有言，非无言。外道赞叹云："世尊大慈大悲，开我迷云，令我得入。"外道去后，阿难问佛："外道有何所证，而言得入？"佛云："如世良马，见鞭影而行。"眼色，即是悟性。于是后世有默照禅，讲究打坐内观，跟道家修炼内丹相若，又颇有印度瑜伽遗风。

佛祖曾经说，我说法说了一辈子，其实一个字都没有讲；唐僧赴西天九九八十一难，取回来的真经上一个字都没有写。这些可不是荒唐。

何谓禅？根本是不可命名的，强名为"禅"而已。

《碧岩录》第七十至七十二则，百丈禅师提问身边弟子："并却咽喉唇吻，作么生道？"意思是说，闭上嘴巴的时候，怎样说法讲道？禅宗号称"不立文字"，对于语言的心态是矛盾的：既无法脱开文字，又担心拘泥文字。有个说法叫"开口错"，只要开口，怎么说都是错的，故此忌惮文字。另一则公案说的是类似的意思。问曰："如何是第一义？"第一真理是什么呢？答曰：我若说出来的时候，就是第二义了。思想的脚步就仿佛走在流沙之上，虽然必须踩下脚步，但在每一步又不能驻足停留，不然就会被流沙束缚。

雄辩是银，而沉默是金。有时有幸会遇见大德，恰如一本符号之书，在符号面前我说出的话必须得小心认真，因为所有的雄辩在沉默面前都不够分量。跟其他人连篇累牍的讲课相比，符号的每一件具体的行事做法都是对我的言传身教。符号不沉默，但符号说话是属于行动的一种，而不是为了语言而语言的知见之谈，这是我们的差别。

《楞严经》说道："知见立知，即无明本"，人的知性见性为自己积攒了很多的知识道理，但所有的知识道理都是两面性的，它产生二元对立，一方面使人成为人，另一方面又使人远离本真，用你我亲疏得失成败之类的二元对立来定义自己和世界，这就是无明的肇因。从这个角度也可诠释《圣经》讲过的"善恶知识树"的恶性所在：善恶的分别表面看是好，实则一个人已经不再按着本真来生活，而是根据二元对立世界的法则来生活。《楞严经》紧接着说"知见无见，斯即涅槃"，虽有知性，不求高见；念头虽起，并无落处。不落入善恶之类评判，才是好的，只是说实话太难做到，必须不断自勉要谨言慎行。

佛经一再教诲要谨慎言论，因为未得证之前的言论是不可信的。

这件事实在两难,不说话不沟通,怎么知道自己在哪里呢?但是,如果把言论作为行动的一种来看待,而行动也可看作是无声的言论,那么也许可以这么去考虑——以行动来说,反而不论任何人,都有足够的资格去行动,去学佛、学菩萨、学上师、学可学之人。拜佛的姿势不专业也没关系,唱诵唱不出来两三句也没关系,做了就是好。赵州和尚八十岁仍然行脚,尝言,"如果七岁童儿有胜我之处,我即向他请教",而我们最要学的就是这样谦卑的姿态。

那么说话方面,说什么都没问题,最重要的是保持谦卑,一旦有骄傲的心,自诩知见而好为人师,就是封闭了自己未来的路。在不开口的菩萨造像前面也都要保持谦卑,无言胜过有言,诚如无穷胜过有穷。菩萨的所作所为都是行,都是身教,我需要努力去言、努力去行,这样菩萨的教诲才会是有效的。在言谈的世界,言谈就是我的一种行动,请相信我的一切言谈都是本于谦卑。

随心所欲

快意人生，莫非如此。

王徽之住在山阴，雪夜饮酒一时兴起，想见朋友戴逵，于是乘小船连夜造访。但他到了朋友家门口，却没有进去，而是原路返回了。别人不解，问他原因何在，王徽之说："我乘兴而来，兴尽而返，何必再见戴逵呢？"此典故见《世说新语》，是晋代飘逸潇洒之风的典范。且不说那时社会的病态，单就这种心态而言，即便在病态的社会里也称得上是健康的清流，也就是说，着眼于当下的心灵状态、不拘泥于过去的抉择。造访朋友只是当时的愿望，时过境迁之后，也就要重新定位，不被自己历史的包袱所累。

《碧岩录》第十七则录：僧问香林，"如何是祖师西来意？"林云："坐久成痨。"达摩祖师从印度到中国来，套句流行语，你说这是为什么呢？香林禅师回答说："坐累了，起来走走。"此种随心之境，已不能用因果、目的来理解了。一日，有僧问赵州："如何是祖师西来意？"州云："庭前柏树子。"又，僧问翠微："如何是祖师西来意？"翠微指着竹子回答："你看这些竹子，长的长，短的短。"

"祖师西来"这个问题的现代含义不妨类比为：人生有什么意义呢？

禅师们纷纷说，你所谓的"意义"是相对于什么而言的呢？人生的意义，就是人生本身，换言之，问题就是答案。吃饭时吃饭，睡觉时睡觉。所谓大智若愚，实在不是把人退化到动物的状态，而是在冥思苦想后的超越，是返璞而归真。

《碧岩录》第二十则举："龙牙问翠微：'如何是祖师西来意？'微云：'与我过禅板来。'牙过禅板与翠微，翠微接得便打。牙云：'打即任打，要且无祖师西来意！'牙又问临济：'如何是祖师西来意？'临济云：'与我过蒲团来！'牙取蒲团过与临济，济接得便打。牙云：'打即任打，要且无祖师西来意！'"

龙牙说的意思是："打随便你打，我看达摩来这里就是没有目的之事。"他挨打是应该的，因为他没有悟透。看起来禅意人生是没有目的的，至少是没有在俗世生活本身中可以理解的目的，然而人生却是有意义的。当你做一个决定时，周遭的一切都与你此刻的决定相关。那一刻的意义，就是那一刻的整个世界，每一刻的意义都是无限，没有孤立的偶然。如果问人生整体的意义，那么串起每一刻，无限加无限仍然是无限。

如何是"禅"？问题就是答案。千百年来，方丈弟子们参禅，文人墨客们参禅，仿佛禅在九重天外普照大地，参禅者时常堕入玄而又玄的境地。一本书，从头到尾出现"禅"字一万遍，人们会觉得这是一本深奥的书；如果从头到尾出现"爱"字一万遍，人们会觉得这是一本无聊的书。如果从头到尾一个字都没有，那是两种情况：或者是一卷卫生纸，或者是一本无字真经。其实，这两样东西也许就是一回事儿？还真有位仁兄说了，人生就是一卷卫生纸，没事少扯。可见，上厕所都有禅意呢。僧问云门："如何是佛？"对此，云门回答得爽："干屎橛！"

言归于好

说什么都好。

春有百花秋有月,夏有凉风冬有雪,若无闲事挂心头,总是人间好时节。常说的是心境与自然贴近,才不算是闲事挂心头。为明天的房贷而发愁,为过时的往事而感怀,都算闲事吗?说起来,实在不知道什么样的事是闲事,什么又不是。我不能做植物人,心里总是有事挂念的,照我的理解:第一,这世界上没有纯粹的偶然,没有全然无意义的事件;第二,在爱的原则下,万有相互效力,让有爱的人得平安。因此,一句话,这世上没有闲事。

不管有没有闲事,日日都该是好时节。《碧岩录》载,云门交偃禅师,有一天把弟子召集在一起,问他们:"十五日以前不问汝,十五日以后道将一句来!"弟子们听了面面相觑,他就自己代答说:"日日是好日。"十五日就是月中圆满的时候,也就是比喻说,你开悟之前之后的不同。圆满之后又什么特别的呢?——天天都是好日子。

所谓"好",未必就是快乐无忧,是满了意义的意思。如果只说万物皆空,生死都是幻想,而寂灭是永恒,这有点太过头了,成了执着于"空"的虚无主义。禅宗充分肯定存在的价值、现实的意义,是地道的中国哲学。日日是好日的态度，正如庄子所倡导的逍遥游。

思虑太多，会把过去的一切都当作包袱背在自己身上，越走越沉，而对明天的期盼又增添了分量。佛家道家一致的说法，是"放下"。圣经也说明天有明天的忧虑，今天不要操心明天。在另一则公案里，严阳尊者参赵州从谂禅师问："一物不将来时如何？"禅师说："放下。"尊者曰："既是一物不将来，放下个什么？"禅师说："放不下，担起去。"尊者言下大悟。尊者已到一念不生的不执着之境界，赵州指点他说：连"不执着之境界"这个概念也要放下。

本来，这是参禅者百尺竿头更进一步的案例，与日常生活干系不大。但赵州的话不妨换一种方式理解——问："未发生的事如何呢？"答："放下呀。"问："既然还没发生，怎么放下呢？"答："既然放不下，那就拿起来吧"。无从放下，无从拿起，那么拿起的是什么？是妄识；对未来的种种担忧烦恼，因此也多是庸人自扰了；那些心头无事的人，当真是聪明——不思虑过去，不思虑将来，专注当下，是为生活的达人。

但这当下可不是植物人一般没有体验的当下；或者用铃木大拙的话说，不应该是像院子里乱跑的狗一般兽性主义的当下。有本书《当下的力量》恰恰就是教导猫狗禅的，认为一切思考都是苦痛的根源。佛教教诲人间是苦，然而放眼世界，连小鱼和小草都是喜乐的，这就怪了，那人间和自然的界限在哪里呢？人间这座城池的城墙，就是人心。人心之内，是苦的境地；自我之外，是乐的境地。山不转水转，人不转心转；心念一转，苦乐之间的阻隔也就拆掉了。小鱼小草的喜乐是蒙昧的喜乐，跟我们人所说的喜乐其实不一样；对人来说，有意义的喜乐才是真正喜乐的。问题的关键不是什么都干脆不思考，而是要"正思维"，以正确的发心去指导思考，这样的态度使得生活的经验变得很有意义。

维摩诘经云"一切烦恼皆是如来手中",六祖坛经云"凡夫即佛、烦恼即菩提"。正是意义,才能把日日都转变为好日。意义不是天生的,也不是被赋予的,而是人自己亲自构建的。就如从一滴水里窥见太阳,在一瞬间看到永恒,而在每个鸡毛蒜皮的小事里体味生命。这生命跟小鱼小草仅仅作为生物、作为生存的生命不同,显然,那必定是关于灵魂的事。

狐假虎威

凭借禅者的点醒,领悟真正的自由。

杭州有虎跑,苏州有虎丘,厦门有虎溪,好像都是禅院的所在。出家人慈悲为怀,蚂蚁都舍不得踩死,但并不妨碍威风凛凛的傲然姿态,跟唐三藏的唯唯诺诺不可同日而语。临济禅师的招牌喝问,犹如虎啸一般振聋发聩,这一招也被日本学了去:小时候看《一休的故事》,对师父的喝问记忆犹新。

黄檗希运,师从临济派的百丈怀海。有一天,两人打照面,怀海问希运:"你去哪里了?"希运回答说:"大雄山下采菌子来。"怀海问:"可见到老虎?"希运就扮老虎,大啸一声。眼见此景,怀海拎起斧子来,佯装要砍的样子,结果脸上就挨了希运一巴掌。怀海也不生气,哈哈一笑扭头就走,回来跟底下一班僧众说:"大雄山上有个老虎,你们可看好啊,我老人家今天就被咬了一口!"

这两个人神经兮兮地到底在干嘛呢?

希运扮老虎,是这个意思:你问的是关于老虎的概念,而我答的是关于老虎的实质。怀海砍虎,就算是肯定了他对于这个实质的表达。可是为什么希运要打老师一巴掌呢?这巴掌跟范进中举时屠户打在他脸上的一巴掌差不多，是为了让对方清醒，也就是演出结束了的意思。所以老师也就不生气。不但不生气，还甚为嘉许："大雄山上又有人今天悟出禅意了，你们可看好啊，我今天百忙之中亲自发现的！"

一喝如虎啸，禅宗原来是很阳刚的，至于德山的大棒，恰如虎尾。少林寺武僧的大棒和断喝，难说不是从这里继承下来的。

百丈禅师不仅碰见老虎，还碰见过狐狸。有一回讲法，散会之后，有个老者站在那里不走，要百老师答疑。百丈说，要问什么只管说来听听。老人就开口道："请问得道解脱之后，还落于因果之中吗？"

百丈说："不昧因果。"

老人两眼忽然一亮："对！原来我答错了——我答的是'不落因果'，怪不得一直修不出来，五百年了还是狐狸身。"说完，狐狸谢过禅师，就不见了。

这个故事是"野狐禅"这个词的来历，就是没有得到指点、钻不出来牛角尖的狭隘知见。佛家因果法则，恰如辩证法的矛盾规律一样，是支撑世界观的根本原则。我们能够脱离你我、善恶、贫贱、得失等矛盾对立吗？当然不能！在佛家的世界观里，要脱离因果法则，当然也是不可能的。但是，我们可以超越矛盾对立，不再受到这些矛盾的束缚。

我们可以选择不负责任、为所欲为，以这样完全个人主义的方式对抗现实世界，获取关于个人自由的假象——说是假象，因为这样的对抗本身就是矛盾，到底还是在矛盾里面。辩证法说，矛盾对立的双方是可以相互转化的，因此这样对抗的结果，是被他要对抗的东西取代了自己，而自己的这个人逐渐空虚。这样的自由是虚假的自由，而心灵的才是真正的自由，这种自由是基于对矛盾对立的超越、对现实的超越。凭借禅的虎威，野狐获得了真正的自由。

不干不净

常乐我净。

净土法门虽然带个净字,但却有一招叫做"不净",希冀通过描绘肉体的各种污浊不净、特别是死后的衰败过程,来治人的贪欲,其中又着重色欲。为了压制淫心,常应观想白骨,挂一副 X 光风格的坐禅图在自己的对面,同时想象自己的这身臭皮囊四处开裂,露出森森白骨。据说,修"白骨观"到一定程度,可以见人直接见骨,看到一副骨架在自己眼前行走。西游记里的白骨精,在某种意义上来说,也是在配合唐僧师徒们演戏,大家本来就是一伙的,但只有孙悟空修到了这个程度,所以从来没有任何贪欲淫欲。

好像这样厌恶自己的血肉还不够狠,净土祖师之一的省庵大师又作《不净观颂》,把人死之后的过程仔细分成许多步骤教人细想。专心修"不净观"的人看到可人的美女,应该首先想到肉体的死态及腐烂的过程,青淤发绿,肿胀溃烂,蛆虫遍体,腥水恶臭,形骸散乱,直到白骨。所幸我不是美女,不必担心自己站在某人面前时,是否正在他的想象里处于腐烂过程的某个阶段,而他把我这样恶毒地想象一番只是为了他自己所谓的修行,几乎可以说跟强拆许仙和白蛇的法海一样不可理喻。

  网上搜搜"不净观",就会看到大量的这种图片,基本上都有法医资料外流的嫌疑,或者从某些专门网站下载来的——但那些网站不但跟学佛一点关系都没有,而且只能用魔鬼来形容,因为那些恶心和悲惨的照片在那里却成了争相传阅的精品。拿心理变态者的珍藏用来作为学佛的规劝,这个跨度且不说,作为佛子,怎能不对那些曾经的生命投以尊重和怜悯呢?能留下这样照片的人一般都不是好死,有的被交通事故撕裂了躯体,有的是自杀多日之后被发现,等等,但我看了一些之后,却每每难免揣想逝者生前的鲜活与美好,也难免设想假如是某人的父母、孩子或者挚爱见到那样的照片,感受决计不同。莫说死尸与白骨可憎,有人抱着尸体流泪亲吻,有人用双手在土里挖掘亲人的每一片遗骨。而作为局外人,至少也不该这样以厌恶来对待别人的惨遇。

  修不净观不但要想象别人,更要想象自己的肉身不净,好像每个毛孔里都流淌着恶液。但与此同时,我们对生活的美好应该存留鉴赏、体察、珍视的心,不能认为美好皆假象。《维摩诘经》教导我们,佛祖看世界,却已是净土。

  有个德国人在中国加工尸体、在世界巡回展览,抛开争议性不谈,他竟然把尸体处理成有艺术性的塑形,虽然一样是见肉见骨见内脏,却有生气及仪态,对尸主本人也称得上一种尊重。观想这些,反而引发对生命之美的赞叹,以致敬畏。记得还有一则新闻说的是考古人员发现古墓,两具骸骨呈现的是彼此相拥和爱抚的姿态,令人丝毫不觉得丑陋可怕,反而在心底的最软处生起感动。

  人类的审丑能力原本并不需要训练就已经足够优秀了,不净观或许用审丑的极致来达到物极必反的效果。但有些号称不净观的图片，竟是遭遇厄运而顽强活下来的人，比如有的是面部畸形或者生了大瘤子，他们唯一丑陋的只有外表，而注重于外表的丑陋恰恰是与世人无异。什么是丑陋的呢？我以为某些小说花十几页篇幅描述如何用五百刀凌迟处死一个人是丑陋的，已不成人形的那个受刑者则不丑陋。我以为对着澡盆里的腐尸发挥各种不洁或者不净的观想的人都一概是丑陋的，而那个在如花年龄消逝的生命则不丑陋。我以为从美好中看到丑陋是丑陋的，而从丑陋中看到美好则是美好。《心经》说有一样东西，不垢不净，修不净观，那么是否也该修不垢观？《维摩诘经》说，"直心是菩萨净土"，一切美丑都在自己的心，而不干那些无辜的净与不净。

静心之禅

愚公移山

别挖了,一个真的智者行者,应该跟大山一起飞走。

曾经有长达五百年的时间,每天,孙悟空扒着铁窗向外望去,看到的都是同一座万仞高山。这座山叫五行山,它还有另一个大名鼎鼎的名字,就是太行山。从河北到山西坐火车要穿越太行山,一连几十个山洞进进出出,可见太行山的伟岸。但是以齐天大圣的神通广大,竟然五百年都逃不出去,要怪,全都怪此山是佛祖的五指所化:你到天为止,而我比天还高。当初孙猴子跟佛祖斗法时,这五指也曾化作远在天边以外的大柱子,任你跑得再远也别想突围。

五根手指,各有名字,分别就是金、木、水、火、土。五大元素是整个世界的根基,孙悟空再本事,他自己就是五行构成的,所以,怎么可能逃离这些世界的根基、不受五大的管辖呢?五行本是道家观念,于佛家而言应该是四大:地、水、火、风。但不论怎么说,大山都是无法逾越、无法逃遁的现实。

时光流转来到了愚人的年代,问题更多了。一座大山还罢,轮到愚公,要面对的竟是两座大山,除了太行山,还有王屋山。愚公的伟大设想是嫌大山挡道,于是为了这点小事,要把所有的子子孙孙都当作他的工具来使用，不达到把山移走的目的誓不罢休，这种价值观有点令人皱眉。

　　那么一个人到底能抗得住几座山的挑战？《西游记》里还有新线索。有一回孙悟空大战莲花洞，洞里的妖怪眼看打不过，就想花招。他变成一个受伤的老人，说崴了脚，求孙悟空背。老孙火眼金睛，将计就计，假装没认出来，就一把背上，打算跑到远处把他扔到沟里。岂料一旦背上了，妖怪也将计就计，居然作法，把须弥山弄来压在他肩膀上。一座山挡不住悟空飞奔，妖怪就把峨眉山也弄了来，结果悟空说左右正好平衡，于是妖怪最后把泰山也祭起。三座大山，这才压住他的双脚。

　　三座大山还罢了，如今到了当下的时代，现代人活得比孙悟空还要辛苦，住房、教育、医疗、养老等，总有一座大山压住你，让你无法再奔跑。人生开门七件事，件件都是大山峰。理想的翅膀固然弥足珍贵，但是当大山也长了翅膀飞来飞去的时候，理想也就再无招架之策，这种事真的很恐怖。不幸，每一个想要自由于天地之间的你你我我，都不得不背负这些追着压上来的山峰，把齐天大圣压制成愚昧的愚公，没有了一切关于自由与乐趣、关于我行我素的前世记忆，仅剩下把山移走的夙愿，既不再理解自己为什么要这样去做，也不再知道到底应该怎样去做。

　　山飞来了，但是否可以飞走？杭州灵隐寺旁有一座"飞来峰"，像平地高楼一样突兀，是一块宏伟的巨石，人们为它的来历赋予各种遐想，并且历代以来在四周刻满了佛像。但按着佛家关于解脱的追求，也许它更应该叫做"飞走峰"，像科幻电影《普罗米修斯》里那样，里面藏着一艘待机飞走的飞船，愚公的后人们要赶紧来认领门票。

　　但是五行所化的大山永远不会离开你而自行飞走。再回到《西游记》，在取经路上有一段"真假孙悟空"的斗法经历。假孙悟空是一个猕猴，他就不在五行当中，端的难搞，但也正因如此，他才是假的修行者。真的修行者，不该幻想离开人间、离开根基。就像野狐禅的典故：假的修行者认为可以"不落因果"，不受因果的约束、脱离四大世界存在；真的修行者则认为"不昧因果"，心里不在乎这一切。愚公的愿望虽然伟大，却是属于"不在五行当中"的虚假愿望，所以他是愚公。在愚公移山的故事里还有一个智叟，他劝告说，你这个做法似乎不对路；别挖了，一个真的智者行者，应该跟大山一起飞走。

那是我心目中的故事版本：一艘未经风雨的帆船想要远航，但是处于各种原因不能启程，搁浅在沙滩，纤绳牢固。日出日落，帆船的桅杆生了根长了枝叶，变成小小的树林，船舱也变成了水泥的房子，眼见着风帆日益老化残旧，如此一年两年以致多年之后，几乎忘记了船的外形。但我始终深信，总有一个起风的夜晚，风帆苏醒，连着树木和房子，连着脚下的整个小岛，一同起飞。也许我其实并无处可去，一切的努力只是为了片刻的空中悬停，像蜉蝣一般，在朝生暮死的短暂一生，挣扎着，非要想看一眼那正在沉沉西坠的最后一缕日光；或者像一个登山者，千辛万苦，就是想在山颠的最高处片刻站立。又或者，穿越所有这些隐晦的比喻，其实只是想在某一天，可以真正毫无折扣地说，我是真的以正确的方式爱了自己。

九死一生

一生需要做的事情乃是层层叠叠的死。

我在《雏菊世界》书中曾说过,一个人最佳的死法,应该是把自己的思想和爱心做成美味健康的食物,给有缘接触的人去吃,而这个过程要越慢越好,用一生的时间来慢慢死。

铃木大拙也说过类似的话:真正彻悟生死意义的人,每天都生活在生与死之中,生的意义即是死的意义。人的生死与动物的生死完全不同,因为人的生死超越了自我,因而是超越了生死、接触到永恒。人只有超越自我才能彻悟,也因为这彻悟,而不再是如动物一般,成为化学元素的分解与组合。

人的确只有一生,但是可以死很多次,以各种不同的方式去死,这样的一生便是丰盈有趣的,于己于人都是一种享受。耶稣说,一粒种子,若是不落在地里死了,就还是一粒;若是这样死了,就结出几百粒种子出来。

可见这种"死"的内核仍然是"生",而必要的土壤也不可或缺,当然,是心灵的土壤。耶稣还就此比喻说,有人撒种,有的种子落在了石头上,有的被小鸟吃掉了,有的落在荆棘丛里,各人的心灵不同,不能强求人家的接受，只得若干有缘人足矣。

九死一生，一生需要做的是层层叠叠的死，正如海岸的浪涛，这样的人生是动态的、澎湃的一生。可以是同时开展各种有志投入的活动和事业，可以是以书写、绘画、摄影、舞蹈、音乐等各种艺术形式把灵感塑造成美感。

禅宗说，生死只在呼吸之间，这话似乎把人生离解成了一个个互不相连的相片，静态的，离散的，无序的。这也大致是"活在当下"那套流行说法的态度，可是毕竟有消极的倾向，浪潮并不在呼吸之间，它需要主动的、有序的酝酿。如果在此时此刻的当下，呼吸就是呼气、吸气这样一个简单而无聊的事情；但是，如果在整个大海的尺度上看待，那么每个广袤无边同时拍击全部海岸的浪潮就是大海的一次呼吸，也就是说，每一次的死就是整个人生的一次呼吸。这样理解禅宗的话就对了。

又，一生是一个时间上的概念，算是一个容器，里面的内容原本是一桶淡淡的水，而饱含生命的死法会把这水变成酒，这种死法可说是自我的酿造。照例，"变水为酒"的事情又被安在耶稣头上当成了神迹，一帮蠢才学者还跑去迦南寻找酒缸的碎片回来搞化学分析，整个把他老人家当成了巫师。酿成的美酒无论珍藏多久，到底是要给人饮用才好，而喝酒的人也要认真地品尝。所以我们找一个恬静的所在，彼此以不同口味的酒调成一杯一杯变化万千的鸡尾酒，你你我我互相斟酌。

九死一生，将其他人的种子种在自己的心田里，种成一方错落有致缤彩纷呈的花园，为此我自己也需要有一个开放的、有潜力的心灵土壤；九死一生，将其他人酿造的酒调成别致的一杯拿来饮用，为此我们需要在一个共同的酒会里时常见面。哦，不是酒神狄俄尼索斯的、混沌的原始生命的殿堂。

到底活在当下是什么意思？如果时间是没有的，那么可以理解为过去未来都在这一刻，好好过好这一刻就是过好全部生命了。对个人来说，也是别具一格的角度。平平淡淡好好过，顺来顺受、逆来也顺受，这种说法大行其道，是因为迎合了女生们的小心理。问题在于，人是生活在群体中的，作为群体生命来讲，只是被动等待怎么够呢，要主动，要开创。所以我们不满足，也发现"活在当下"的精神软化病。没精神，没热望，哪里还有生命力，只剩下沉沉的死气。一生何求？不是一死了之。

顾名思义

意义实质上是一个建构的过程，在每一点上开始。

上高中的时候，有个化学老师叫彭思义，给我留下了两个难以忘却的印象，一个是他长着一个酒糟鼻，另一个是他在讲堂上给我们现场制作硫化氢，那简直是提纯过的高浓度的臭鸡蛋味道，比我最讨厌的臭屁虫的味道还要难闻，结果是全班集体逃出教室，只留下彭老师一个人眯着眼睛得意地笑着，鼻子也显得越发红艳。

刚才说了，他叫彭思义。那时每次我看到"不可思议"这个词的时候，就经常想起他来，后来才醒悟这名字其实很值得玩味：缺了一个言字旁的"意义"，是不必也不可"言说"的，而人看到自己名字的时候，不妨自己在内心里多想想人的意义。据说三国时有个文人王咏教子有方，子孙都很出人头地，因为他给他们起的名字都大有讲究，让他们从认字起就对着自己的名字思考人生的意义，用心可谓良苦。

其实从古至今，中国家长给孩子们取名，一向都是大事，除了社会政治条件的大气候实在太严肃之外，比如元朝时候汉人起名字用日历，还有文革时期起名字则是从《人民日报》的标题里选取当时最政治可靠的词汇。家境不错的人家基本都有流传几百年的家谱，上面有先人们给子孙后代拟定好的起名用字,这些字的选择也一样都是用心良苦,以求后代富贵荣华、人丁兴旺,而后人只需要按这辈份找自己的名字就可以了,然后用几十年的时间把这个名字活下去即可,用不着费脑子想什么。

王咏先生就不一样,他教导说要有道家的风范,做人不可逐名要利、欲而无厌,要活得明白而有趣。王咏给子孙们起的是"玄默""冲虚"这种道家味道浓厚的名字,相比儒家秀才们起的仁义、忠孝之类的名字来说,的确不落于俗套,也因此,只有他留下了顾名思义的教导,这句成语的版权归王先生所有。

道家对"名"最有研究,"名可名非常名",就是道家的注册商标。儒家看到"名"就想到成名成家,想到名利双收。一举成名天下知,忠孝双全美名扬,这是儒家的"名",有了名,名正言顺,说话就算话,就是家法乃至国法。《论语》说,"故君子名之必可言也,言之必可行也。"

可以言说,还是不可以言说?这就是一个巨大的差别。不过一旦这样的名被人收走了,一切的话也都成了废品,一夜之间可以从伟大指示变成反革命毒草,所以手头有名的人,无不趁着名还有价值而迅速变现。

"名"字的本质指的是一个人的 Title,也就是一个命名。人类用语言把世界变成了由命名组成的世界,只有当一样东西具有某种命名的时候,它才可以被认识、被思考、被理解、被传播。如果一样东西没有命名,也就是说不在人的认知能力之内,那么就是神秘的,存在与不存在都无法确定,甚至都无法描述这种不确定。道家说,可以命名的,都不是恒常的;但是因为凡是没有命名的都是等于不存在的,所以一切存在的都不是恒常的,无常才是常态,跟佛家的道理好像一模一样，二比一，儒家完败。

顾名思义，我们在名相的世界里，对着这无数的命名，推想人的意义，推想名相以外的东西。如果"意义"本身可以命名，则它一定是无常的，那么这是不是意味着"意义"着实不可以命名，着实必须永远恰好在人的认知之外？

名相的世界是认知的世界，意义想必是超前于认知。意义有先验的属性，因为人对于意义的寻求与思索与生俱来，是人的本质需求；意义又可以显化成名相世界的存在，"有意义"的意思就是有所显化，换句话说就是有所创造。与此同时，每个人所掌握的命名的丰富程度不同，也就是说，人的认知能力有不同，因此每个人有一个自己版本的名相世界，有些在我的世界之外的东西已经在你的世界之中存在，当我从你那里获取时我就获得了对于我的意义，而对你来说则无动于衷。虽然如此，意义仍然不是你可以主动让渡给我的一样东西，无论我有多大的能力，也必须我亲自以自己的认知工具把意义显化在我自己的名相世界里。

所以意义实质上是一个建构的过程，顾名思义就是不断丰富、不断成长的过程，意义不是终结，而恰恰是在每一点上开始。这不是编纂分类名录那种古典的科学理性。

总而言之，意义是动词，对意义的寻求是人的名相世界焕发生机、获取成长的内在趋势，具体的方式则是把新的命名添加进来。命名不见得要用语言词汇，一切表达都是命名，词汇的能力是有限的，有太多的表达都不是词语；广义地来说，或许就是艺术吧。古典的经文在谈到创世的时候都说到神的话语具有创造的魔力，人们在读书的时候却很少想到，所谓的"语言"，可能就是天地之间一切的存在，可能一切都是表达。以艺术的、审美的方式来认知世界和表达自己,当然是一个人所该做的事。

从前有一位先生唤作"废名"的,文字脱俗,很有道风。如果把"名"全部作废,等于拆毁人类思想的根基,让大家都化入说不清道不明的混沌。但是老先生肯定不是颓废的废。如果已经命名的"我"是指静态的、现存的"我",那么废名就是以开放的心,把世界新的气息编织进来。儒家整天就是面向过去,守着这个静态的名相集合,把一个人自己的名字黏贴在每个地方,可谓处心积虑,然而越是这样做,就越陷入执着、僵化而不能自拔。

附庸风雅

伽叶拈花的微笑，也是蒙娜丽莎的微笑。

说到美，觉得美就像阿佛洛狄忒本尊那样，飞来飞去的花蝴蝶。纯粹的美应该是自由的，她不是属于谁可以占有的物品，也不能通过情人或者夫妻的关系就俘获住。在历史上，婚姻关系的出现大概也正是伴随着私有物品的出现，人类从那时起就偏离了纯粹。

康德说美有两种：自由的美和附庸的美。有人提示说，简单的区别在于是否用目的性来介入审美。自由的美不带有目的性，包括观察者的目的，或者被观察者自身的目的。这很符合禅宗对于人生的看法：当你用目的来考察人生存在的时候，你就陷入了时间，陷入了不能回避的焦虑。一株花草，一块岩石，自然设计出来有什么功用呢？难道只是在无人看到的地方独自地美给它自己看吗？如果必须要回答这样的问题，那就要假定自然有一个目的，当自然等于神、而人又充当了神的代言人时，整个世界都因为目的性的统一而集中到了人的主观自身。

然后人类规定了善与恶。康德说善即多样性，事物的存在和发展顺应它自身的目的，那么就是美好的善；而一切事物的目的统辖于人，所以善最终还就是符合人的目的性而已。美已经无处躲藏，她在任何一个角落都可以被目的所俘获，成为人类的附庸。康德对此的原话是：善和美的结合，破坏了她的纯粹性。

以美感、愉悦甚至诗意去品鉴一朵花都是从人自己出发的，人习惯于用概念构织自己的名相世界，理性是其中的横梁，感性是绕梁的回声。然而不论理性还是感性都无法让人脱开自己的主观，即便所谓灿烂的感性是最能触及外缘的部分。

审美必然牵连到认知问题。世界如果是完全客观的、静态的，那么审美就是像审问犯人那样，主体与客体面对面，审美就是要抽丝剥茧地把客观存在里面的美给揪出来。欣赏一幅画，有的人看得到美，有的人看不到，然后那个看不到的人就很紧张也很没面子，而看得到的那个人就自诩为批评家、鉴赏家，他的话是标准答案。但是这不符合人们的经验；真正的经验是，每个人有自己的审美，会产生各自不同的情感、受到对各自有意义的启迪。

杜夫海纳说，审美的对象其实乃是感性本身，就像当你在对凡·高的椅子进行审美的时候，审的既不是凡·高也不是椅子，审的是他们之间的关系。那么谁在审美？审美者主体，也是"你与椅子的相互关系"，而不是"你自己"。再说一遍，审美不是审问，而是一簇关系建构与另一簇关系建构之间的共鸣。

不妨说，这样的审美是二阶的、超越的感性——如果说谢灵运的境界是拿自己的感官作为感性的工具，王维的境界就是以整个生命整个人作为感性的工具，而后者更能深切地表达主观与客观的一体，因为在前者那里还有感官这一层隔膜。在这样的全生命的感性那里，你才能以一朵花的一朵花去看一朵花，她才不会只是你的附庸、因为你才呈现美，而且连这个拟人的"她"都是不必的。

　　花是自由的，连"美"这个词也不需要。吊诡的是人虽然用理性为自然立法、为自己立法，把一切都约束起来，自己在精神的内核里却一直在追寻纯粹、追寻自由，一朵花里其实藏着人对于自己的谜底。推崇在大自然的风雅里陶冶情操的人，需要知道，只差一步，人就可以把世界和人自己都从附庸中解放出来。

　　这一步，就是伽叶拈花的微笑，也是蒙娜丽莎的微笑。你猜有多少人绞尽脑汁地研究过，蒙娜丽莎的微笑到底是为了什么、又是冲着谁笑的？人哪，离开"目的"两个字还真的无法思想。但凡有人长篇累牍地解释"拈花微笑"的深意，大可一笑了之。不笑，不足以为道。

白驹过隙

聪慧的人在见到光明的一刹那就达成了顿悟。

曾经有这样一条短信:"骑白马的不一定是王子,他也许是唐僧。"虽然是耍嘴皮,但是开玩笑反而开出了真理,因为从唐僧走到哪里都被人追得一塌糊涂来看,他其实比王子一点也不弱,下至女妖、上至女王都想要嫁给他,所以遇到了唐僧也是美事呢,嫁不成的话至少也得啃上一口他的肉,方才解恨——相比之下,有谁愿意吃王子的吗?

公孙龙说,白马非马。唐僧坐下的白马可不单是坐骑,人们往往只是关注"师徒四人"西天取经,却忽略了在《西游记》的末尾,不仅唐僧成佛,白马也成了菩萨。望见白马,等于望见菩萨。再说白马本身就是龙种,是龙宫的太子,也就是说,白马本身才是王子。他和唐僧的搭配,应该算是佛菩萨的组合,同时也是王者与王子的组合。西游记里师徒四个人分别代表了完整人性的不同侧面,最重要的是"心猿意马",孙悟空代表心思,白龙马代表意志,此外猪八戒代表欲望,沙僧代表定力,唐僧本人就是统辖各个方面的觉者、王者。

悟空头上的紧箍是谁给他的?不是别人,正是他自己。表面看是观音专门给他预备的枷锁,其实有心思的每个人,都自己戴了一个紧箍——对立思维,所以这紧箍当然是戴在头上,而不是戴在身上别的什么地方。

  禅家的祖师惠能问,"不思善不思恶,哪个是您的本来面目?"佛家求"解脱"的谆谆教导就是要离开善恶、人我、得失等二元对立的思维模式,当他做到时也就成了佛,紧箍就悄然消失,并不需要佛菩萨来帮忙,再说帮也帮不上。而白龙马一步一个脚印,他是觉者内在的求索精神,如飞龙一样,是人性内在与生俱来的超越性。他也许沉默无为,也许不像对治心思一样化诸行动,主动出击战胜各种妖魔鬼怪,但他从不离不弃,如同在任何情况下,人的觉醒本质总是不增不减。

  白马,神秘而超然。释迦牟尼早年当王宫太子的时候,就是骑着白马巡游四方而后出家的,白马还有名字,叫"犍陟迦"。《圣经》末尾的启示录里,基督也骑着一匹白马踏遍天下,把拯救带给足迹所到的每个地方。约翰记载说:"那骑马称为'忠信'和'真实',他按着公义审判和作战。"《圣经》上那匹白马虽然没有名字,但是却有好几个同族,红马、黄马、黑马、灰马乃至斑点马,全都出场参演,但它们分别代表瘟疫、战争、死亡、假传福音等等各样的灾祸,只有基督才是唯一的福音和王者。那,看见白马的人有福了。

  然而白马难得,一身神秘朦胧的外衣逐渐变化成了奇妙的装饰,头上长角的白马 Unicorn、身上长翅膀的白马 Pegasus,都是只有在传说里才有的稀罕物种,人间哪得见到呢?据说 Unicorn 是纯善的结晶,可以治病解毒、起死回生,连杀人不眨眼的武夫都不敢玷辱这纯洁的灵兽。Pegasus 也是正义的化身,曾经跟邪恶丑陋的怪兽 Chimera 对峙,并在身后化为天上的星座。

  人生短暂,得见白马,当属幸事。《后汉书》记载,皇帝夜梦金人,身材魁梧，顶佩白光，自西而来。于是差遣兵将前往迎接，果然路遇骑白马的僧人，他们在洛阳歇脚，卸下经卷，在那里建立了中国第一所寺院，是为白马寺——白马果然是人间的福音。白马头上的角、身上的翅，难道不正是光线的显化吗？愚痴的人才会真的去寻找兽角和羽毛，聪慧的人在见到光明的一刹那就达成了顿悟。

庄子说，人就像住在墙壁缝隙里的小虫，看见飞驰的白马倏忽而过，懵懂之间还不知道自己看见了什么，此生就已了结。这真的是游侠般的庄子所说的原意吗？依我看，根本不该是如此哀怨悲伤。这种忧伤就如同佛子们感叹自己生在末法时代、没能跟释迦牟尼生在同一时代的忧伤，也如同教徒们感叹耶稣已经离开人间、而下次再来还不知要等到猴年马月的忧伤。因为他们在等待亲自触摸兽角和羽毛的机会，而这种机会本身就只是传说中的误读，殊不知光明永在。哦，对了，哪一天不是"猴年马月"，哪一天不是孙悟空和白龙马的日子，也就是心思与意志唱主角的日子？按着这样的忧伤，孙悟空根本不会从石头的缝隙里面出来，后面的精彩演出根本不会开始。

如果你看到白光，就是看到了白马，就是已经不在夹缝之中生存。兽角和羽毛这样地抚及每一只从栅栏背后伸出的手，只是那些手并不相信自己的感觉，不认识光明，因为跟他们预期的很不一样，于是他们仍然摆着无助的姿态伸向苍穹。只有王者不假思索，跨上白马，绝尘而去。

痛定思痛

跟痛苦直面相对,与痛苦淡然释怀。

时常听说,文盲村妇某某,生了一场大病,以至濒死而返,之后就有了预言的大能,算命的人慕名而来,也每每灵验。换句话说,这人"开悟"了。也总有不少人,大病一场之后,虽然不至于那么神奇,但也在病榻上思索一些本质性的问题,而后颇有心得。这就好像人们遭遇百年不遇的自然灾害一样,突如其来地这么一回,才让人反省,而后更加正视生态文明、应急机制,等等。

自然灾害反衬着人们这二三十年只有一门心思——挣眼前的钱,至于环境保护、长期发展、生态平衡、自然和谐,都不在首要的考虑之列。与其说灾害是自然的抗议或者反击,不如说是自然的提示和引导,因为自然的重点是自我疗伤,终极目的还是为了人与自然共同的美好未来。

人的生病也是这样,痛苦使人清醒、使人成长,而人在心魂方面所经历的苦楚最是如此。人有痛苦的感觉时,应该是一件好事,意味着你的身体、你的心灵意识到了某种需要改变的情势、包袱、作为等,通过反省就可以发现而对症处理。伤口在愈合的过程中会非常敏感和疼痛,这是一个必经的过程;在麻木与疼痛之间,没有人会选择麻木。因此,痛苦的存在是一件有益的事。

　　只是，一定要思考，而不要拘泥于痛苦本身，拘泥于寻求什么心理平衡——那是对痛苦的沉溺，结果是让痛苦一直流连于心中，挥之不去。也不要自欺欺人地逃避，不要当温水锅里的青蛙，而要看见痛苦背后的东西。注视着痛苦，看着它：原来它是一面镜子，而从镜子里看到的，是自己。

　　人体是一个奇妙的整体，那些细胞是怎么知道自己该如何生长、才能让整体平复如初的呢？好比有些动物的肢体再生，细胞怎么知道整个身体缺乏的是那一部分肢体，而且连纹理都能够对齐？多年前曾在病榻上看着自己身上的刀口一天天地变化，融合、结痂、蜕皮，等等，再想象皮肤下面发生的、繁杂而有条不紊的修复过程，不得不感叹生命的奥妙。

　　细胞不懂得那么多，它只是按照被激活的某种机制而分裂、链接，总的效果就是修复、成长。从生命的整体上看，细胞有它自己的生老病死，而作为自然生命体的"我"是延续的、不断成长中的，每个细胞都有它存在的意义和价值。

　　生活中的一天天，相对于社会生命整体的成长，也大略如此罢！每一天，也许平淡无奇；有的事，也许并不如意——但生命的成长是一个长期的、完整的过程，并不因为你看不到而不存在。没有看完整部电影，怎么知道一个镜头是不是有存在的必要？

　　我虽然不只是我的历史所组成，但历史也是我生命的一部分；虽然我现在推陈出新了，但也不能说过去就是错的。要成长，就要像接受自己新生的孩子那样接受全然的自己。不能接受自己的人，怎样接受别人呢？爱自己，便要接受自己的一切。换句话说，悔恨、报复这类否定自己历史的心理模式，还是越少越好。

美中不足

仅有审美似乎也是不够的,还要有健康、富于生机的思想内涵。

虽说爱美之心人皆有之,但什么是美却没有一贯的标准,于是乎说,美在各人的眼里,你看着美那就是美了。因此,各类艺术家,莫不是极有个性的人。有学问的人追求艺术,希望在一起谈论文学、诗歌、音乐、绘画等一切有关审美的话题,希望做艺术的先锋,对各种前卫的、另类的、反常的、叛逆的美爱护有加。他们说,在文明进步的浪尖上冲浪,自然带着一份冒险精神,而人又怎能没有冒险精神呢?

我经常为此感到不平:难道符合大众口味的就不够艺术吗?一定要以藐视的姿态高高在上,才是美的最高成就吗?突出个性的审美标准,符合现代主义的离解倾向。不幸的是,这种离解已经把现代化推入了不归路,必须进行质变,若不然连人类的自身生存都成了问题,成了最后的个性艺术,被生态世界一脚踢开。

人生苦短,个性之上的人极力地表达自我,热烈地扑向海滩,在惊涛拍岸的那一刻,各式各样的美在消逝前的刹那绽放,而后消逝为一片水花、一串泡沫。或许这有助于解释为什么贴近死的艺术经常蕴含着深邃而诡异的美,以及一些诗人和画家最终在癫狂而破灭的瞬间得以辉煌。

那么，爱美的人，追寻各个艺术家那些彼此不同的个性，就如同在沿岸的乱石当中看风景，总也不能同时看到所有的美。如果只是把各式各样的美放入自己的收藏架，那么越多越乱，反而成了美感的反面。收集来的这些东西互相之间不买账，你还得花时间和精力去归置，把自己消耗在了这些对你的付出并无怜悯的人格上面。

仅有各种版本的美乃是不足的，自古以来海岸的姿态和声音并没有改变，那种对瞬态的热烈是一种迷惑视线的假象。某一种独特的美又算得了什么呢？一个瞬间之后就被另一个独特的美所代替，然而千年之后，岩石仍然在那里不可逾越。沧海桑田，大海本身的变化才能造就世界。

浪潮是大海的脉搏，静谧的湖水因此相形见绌。但绵延的海潮并不是个性的产物，而是相反。冲浪的人注意力放在浪潮那里，而非被濒死的水花所魅惑。浪潮是社会的，这种生机隆隆的美强调着彼此之间的共性和合力，冲浪者借着浪潮与大海融为一体，他能感觉大海中那千千万万无形的水滴，一种绵延的共鸣。

对于一个孤立的自我、消耗的自我，美常常只在贴近死、在个性泯灭的瞬间达到极盛。不能转化为建设的美，是缺乏生命的美。生命力只能来自生命本身，而不是其他。投入更大的生命体，才得以转变为建设的自我，而这种建设没有止境。也就是，艺术家应该秉持投入建造、投入生命的态度，他所理解的真和美必须得跟微渺众生有所交集、有所共性，才更接近美的永恒真谛。总而言之，单纯是美尚且不足，还要有思想。

洗心革面

洗心的人渐行渐远,革面的人原地踏步。

商汤这个人,一定有洁癖酷爱洗澡,因为"汤"在古代就是指洗澡水。他还在澡盆边上刻下一串盆右铭:"苟日新,日日新,又日新"——如果洗个澡,干净又清爽,那么天天洗澡不是天天清爽,爽了又更爽?

孔子激赏这串铭文,并且引申了一下说,所以君子要洗心,也就是不断自我提升精神,日臻完美,天天向上,达到上天之道。为此,君子要每日三省吾身,基督教的洗礼一生洗一次就够了,儒家的洗礼要天天洗、每天洗三遍才行,叫做"澡身而浴德"。杨绛给自己描写干校生活的小说起名为《洗澡》,秉承的就是反复洗澡的精神。

但是细想一下,孔子的思想是专注在人的不完美上,总是看到人的不足之处,以至于今天家长看到孩子高达九十五分的答卷一样是照例问:"那五分哪里去了?"在这里斗胆揭穿他老人家的教诲:他侧重的是负面、不足,是消极思想。

然而商汤不同。洗澡是一件乐事,爽在其中,洗澡的时候绝对不该是处心积虑。谁会愁眉苦脸地琢磨,"下次该怎么洗才能更爽?"那么想的人真是不多吧,然而按着孔圣人的考核标准,偏偏那样才是君子所为，最好大家都去当愁苦的君子。我们看惯了君子们奋发图强一类的励志故事，不是天天吃猪的苦胆，就是把头发扎起来吊在房梁上，十年寒窗无人问，一举成名天下知。相当于十年不敢洗澡，最后才惊天地泣鬼神地爽那么一回，又像是蝉蛹在地下十年暗无天日的生活，终于在某一个夏日得以短暂地沐浴一回阳光。十年宝贵的年华，不好好去享受每一天存在的乐趣，还励的什么志？就为了那么一下下的灿烂么？

　　商汤是积极的，他善于肯定。首先懂得体味生活、享受乐趣，其次才是看到自己可以做得更好的地方。一个君子思忖的是"穷则思变"，认为是某种不足、某种穷困让人产生变革的愿望，因此努力地寻找不足，养成以否定的态度看待现状的习惯。相对于君子，大多数人还是对现状持肯定态度的，可惜又走入了另一个极端，就是一味地肯定——这个也是对的，那个也是对的，存在的就是合理的，你要适应环境而不要让环境适应你，等等，耳熟能详吗？这种片面肯定，跟片面否定一样，都失之偏颇。

　　商汤的高明之处在于，他在善于肯定的同时也善于否定，他是明辨的思维，也就是要去主导变化，而不能被变化所主导。任何乐趣都是不断变化的，随着时间的推移，会变质甚至质变。这种变是逐渐消耗的衰变，是无所作为的被动改变，要抵抗这种变化，就必须要行动起来。发现问题，着手行动，用主动的改变超越被动的改变。

　　变化是好事。民间故事里的妖精们打架，打不赢时会大喝一声，"变"！然后就"摇身一变"，逃得不见了，他的变化是为了逃遁。奥巴马当初竞选的时候也说了同样的词，"变"！然后他"大人虎变"，他的变化是为了站出来。什么是消极，什么是积极，高下立判。

《易经》说这就是大人和小人的区别：大人虎变，小人革面。大人主动开拓，小人只是被动地追随潮流，没有自我的独立判断，一会儿这样，一会儿那样。没有自我的人也就没有历史，没有历史的人也就没有建造，没有建造的人也就没有未来。洗心的人渐行渐远，革面的人原地踏步。

内外交困

选择未来的能力正是人的自由和可贵之处。

困境的"困"字,那个方框表示限制,像一个笼子。中间那个"木",虽说是"树",但意思是"成长",因为人之所以觉得身处困境,归根结底是某种成长受到了阻碍。不管财务的困境、人事的困境、情感的困境,总是身在笼中,而心在笼子的外面。

这内外的矛盾,理想与现实的冲撞,伴随着人的一生,以各种面目出现。理想在内在的世界,那里发生着各种无拘无束的可能:买到心仪的房,找到心仪的伴侣,升了心仪的职,成了心仪的事……没有什么是不行的。现实在外在的世界,倒也只有两样东西不行——这也不行,那也不行。这就是困境。你在两个世界之间的交界,这是一堵万里城墙,城门是关闭的,没有人把守,钥匙也不存在——古语说了,"不可开"交。勉强打开的"交"界,是"六爻",就是易经、算命了。所以,这个时候人们总是会去算命。

相术师哪里知道你的世界呢?每个人看到的都是自己的世界,你从里面看到的城墙,在他看来也许只是一些柴草摆成了图案。这就好比道士画符,在我们看来是虫子爬过的痕迹,对于精灵来说却是实打实的铜墙铁壁，不能穿越。道士并没有法力亲自捉鬼，那些精灵是被自己打败的；人家只是画了几笔，赖他自己当真，给自己铸造起一道无影无形却又不能逾越的障碍。

这就好比说，我们心目中的壁垒，也是自己所造的。相术师怎么看得懂呢，就连道士画的符，道士自己也看不懂。何况这城墙上面的符咒，全是你自己用自己的语言写成的，每个字都在你自己的字典里面，算命的可没有。

僧问赵州从谂禅师："如何是赵州？"禅师说："东门、西门、南门、北门。"城门之内就是赵州城，而你人就在赵州城里面。城门之外是外在世界，城门之内是内在世界，而我们自己就是自己的城门。一般人是眼睛向外看，把身后的那个世界当作"内在"，眼前的当作"外在"，可是所谓"向内寻求"是让你反过来，自己的内在世界当作外在，而把整个外在世界当作内在。如今所面对的"外在世界"竟然是你可影响了的，你内在的光明将照耀外在，那将是一种创造性的生活。《碧岩录》里有僧问智门禅师："莲未出水时如何？"禅师回答："莲花。"又问："那么出水后如何？"禅师回答："荷叶。"这就可解作内外一体之意，我们要创造的未来，其态势已蕴含在我们的内在，而我们当下所经历的外在，反过来又进一步塑造了内在并生成了新的种子。

梁武帝请禅师讲《金刚经》，禅师便于座上，挥案一下，做开讲状，便下座。武帝愕然。旁人提醒说："禅师已经讲完了。"到底禅师讲了些什么呢？讲的是"势"。人生的每一刻，都是蕴含着无限创造性的蓄势待发之机。人要过一种创造性的生活，就是最有修为的活法。

明目张胆

善于明辨思维,并且敢于纯真。

　　小时候总在村里过年,对各家大门口的对联尤其留意。其中一幅记得很清楚:勤学习心明眼亮,爱劳动人寿年丰。每当看到这幅对子,就想起小时候的自己,勤奋学习,瞪着好奇而求知的大眼睛,看见什么都问个为什么;想起我爷爷,勤勤恳恳地劳动,年纪大了身体依旧硬朗,家里的粮食堆满了一缸又一缸,像司马光砸过的缸那么大。

　　过年就是理想主义泛滥的节日,各种关于美好的画面集中爆发,放在平时觉得肉麻的话语大摇大摆地写在墙上、门上、树上、窗户上、灶台上,以及一切可以贴的地方。油灯照明的地方,贴一张"小心灯火"。出了房门院里正对的树上看见一只喜鹊,于是贴一张"抬头见喜"。墙角对方粮食的地上,贴上几张"五谷丰登""连年有余"。连门口的青石墩子上,也有小条幅的祝福。这说明只要有气氛,人人都能在最普通的角落里发现值得祝福和感恩的地方。

　　所以什么都得看场合,过年的对联就像天体海滩,淹没在清一色的海洋里,大家都一样,也就觉得自然而然。至于平时,再那样处处祝福处处感恩,感觉该是跟裸奔差不多了。这种情况下,要的是过人的胆量。连阮籍那么牛,也只有在喝了酒喝了药以后才有胆子裸奔。

够胆子特立独行的人,需是心明眼亮的人;从井底跳出来的青蛙,看到了外面的明亮。灰色社会的信条是"难得糊涂",而"明白"二字乃是全民公敌。各人自己的内在虽然都是糊涂的,然而同时数学却又很好,对外面的东西算得一清二楚。于是内在就像飞机的黑匣子,只有发生了事故才会找出来看看原因。这就是说,遭遇了大的挫折之后,人们才会内省,才会想要真正活得明白。"聪明看世情,糊涂一颗心",歌词用优美的旋律给人洗脑,洗成浆糊,干脆连黑匣子都不装备,倒是更加省事。可见"糊涂"二字原本不是糊弄别人的,要糊弄的人只是他自己。

为了张胆,就要明目;为了眼亮,就要心明;为了心明,就要勤于学习。为什么要"求道"?其实就是为了活个明白,像一根筋打官司的秋菊那样,俺就要个说法哩。张胆的人在生活的琐碎中是活在喜乐里,糊涂的人在琐碎中陷入苦闷焦虑。

有多少人愿意冒着被嘲笑为单纯、幼稚的危险,特立独行地活在明白里呢?可我们知道这世界真是颠倒黑白,明明那些糊涂的是没有长大没有成熟的精神生命,白白活了偌大年纪,却自以为明明白白。"若不像小孩子的,断不能进天国。"纯真是一种需要胆量、需要魄力的素质,而且,就连说出这样的话,也是需要胆量的。须知,生命不只是肉体的生命,还有社会的生命,以至心灵的生命。作为人,三层生命状态是交织在一起的。

这句《圣经》引语的启发是,从心灵的某一个高处看着自己,对待自己像对待小孩子般,接纳自己、引导自己、宽恕自己、激励自己,永远不认定春天已经远去,永远对未来充满希望并为此而感恩,那也就走在去天堂的路上了。

去天堂？不，不是赴死。

什么是天堂？天堂不是死后的去处，不是世外的某个地方。所谓"天堂"是人心灵的某种状态，这种状态是喜乐、平和，是心灵层次之爱——这爱超越肉体的联合，也超越情感的占有。当你用这样的爱填充自己的内在，你会发现外在的生活也变得喜乐、平和，那便已经是身在天堂了。济群法师曾开释道，成佛开悟不是成就什么外在的东西，而是生命的彻底觉醒，用慈悲和智慧的圆满成就，这一切都源于对内心的改造，唯有内心和平，方有外在的和平。

谁会明白我走的路有多辛苦，为了不看到身体里的补丁，只好前行，一分倔强，一分坚持，这条路总有一天会铺花。

安步当车

把握自己命运的轨迹。

孔子说,饮食男女之大欲存焉,吃吧吃吧不是罪。享乐文化肆虐的中华大地,对人性的理解就是以身体主导,吃喝玩乐都围绕着身体展开,这个社会今天阔了,更是无所不用其极,满大街餐馆洗浴,满世界声色犬马。

令人遗憾的是,极为物质化的、围绕身体感官做文章的生存方式,却对身体没有多少好处。珍馐和豪饮都不是健康的饮食,营养搭配不全,生活节奏无章,终日浸泡于尾气污染、噪声污染,能保证足够运动锻炼的人则很少。

因此,感官化的生活,并不爱身体。有本热销的书叫做《身体使用手册》,名字起得好,人们是把身体当作机器用的,先前的用法不对,如今要按规程来,是为养生。这说明人们不了解自己的身体。

人们也不了解自己的精神。有一辆汽车,里面满满地挤了一车人,在一路的颠簸中你推我搡。你挤在中间,牢牢地抓着扶手,顾不上看窗外的风景,也不知道车子在往哪个方向走,然后稀里糊涂就到站了。这辆车是人生旅途,而车上的每个人都是你自己:你的情绪,你的追求，你的忧虑，你的得失。哦，对了，你才是那个司机。大家挤在一起，是谁在开车？坐在驾驶的位置是一个陌生的女子，可她一直都蒙着眼睛。

"命运，你停一下。"你喊她的名字。

"不能停，"她说，"停下你就到站了。"

可是我才是司机啊？等等，让我穿过这些拥挤的人！但是她说，你认识他们吗？你要先问清楚他们姓甚名谁，叫得出他们的名字，他们才会让路。还有这车上的种种部件，四肢脏腑，你需证明自己真的熟识和爱护，才能验证你是真正的司机。——如果你既不了解身体，又不了解心灵，那不是一个空洞的人吗，你到底在哪里存在着呢？你并不比命运更真实。

是的，我需要倾听自己的身体，需要倾听自己的心灵。我是物质与精神双重的存在，比如，我的病痛也是双重的存在，药到病除仅仅是物质层面的工作，而病痛在精神层面的启示我必须搞懂。还有我经历的种种遭遇、教训和成就也是双重的存在，我也必须了解每一桩的意义，然后他们才能让开路，要阻挡我的不再阻挡，要扶持我的才能扶得到。我是司机，车上的人是我，这车子也是我。那你是谁呢，命运？我揭开她蒙眼的头巾，她却不见了。我终究也见不到她的面。

车子在走，我不着慌。我岂是在驾驭车子呢，我只是迈开双脚，在自然的怀抱里走得安稳。这边风景很好，命运藏在这美妙的世界里；她处处留下印迹，与我捉着迷藏，要我留心才能发现。她在车子外面的时候，我们可以做好朋友，只是这有一个充分而且必要的条件：我必须做好物质与精神双重的瑜伽功课，安步以当车。

想入非非

理性思维过时了吗？没有。不但没有，而且还要进一步拓展。

《楞严经》说："识性不动，以灭穷研，于无尽中发宣尽性，如存不存，若尽非尽。如是一类，名为非想非非想处。"

任何事情的发生都有原因——这句话意味着世界上没有绝对的偶然，任何事情都有一定的必然性。顺着这个必然性的链条往前回溯，靠着因果关系，就可以拼接出来关于世界的一幅图景。这样，世界是可以通过逻辑思维而描述和理解的。

但这并不全对。有些存在是非理性的，而有些理性是非逻辑思维的。这两种，都是在因果之外，所以说有些事情的发生没有线性的原因。人是理性的，但是人不是只有逻辑这一种解释世界的方式，除了逻辑之外，还有相关。非逻辑的相关性，并不见得比逻辑关系低级。科学主义的人最容易犯这样的错误，去贬低非逻辑的理性。

因果关系是一个二维的图景，本质上还是线性关系的集合。相关，则是立体的甚至超维的，用因果的工具无法去表征。有些事情的发生虽然没有原因，但并不是说它们没有意义。相反，它们给二维的存在带来了超维的意义，人生的意义这样去考虑更加合理。

从前人们推崇科学的眼光，凡事一定要寻找单一的原因才心里觉得踏实安全。但是事实上，因为对于整个实相来说，因果是片面的，所以并没有绝对的因果，而纯粹的逻辑理性最终会钻进牛角尖，陷入约束和焦虑。从牛角尖里出来，获得解放和自由，则需要多维多解。这个救星是艺术的眼光，也将是未来生态文明的亮点。

所以，真正的艺术家是开放的、多维的理性，他不是跟科学相对而视，有如文科理科之间的那种对视。我们在以前见证过这种对视的例子：科学家疯狂地制造了坦克和原子弹，于是艺术家疯狂地做爱和吸食大麻。后现代的哲人必须同时拥有艺术和科学的眼光，把因果关系收纳在自己的框架里，并且拥抱多层次的宇宙，这世界才得以在动态的美中可靠地把自己呈现出来。科学普及的事业已经做得很好了，艺术普及的事业尚待提出。虽然一谈起艺术就让人想到油画、摄影、音乐、表演，但那是职业化的艺术概念，艺术就最根本地来说首先是一种存在的方式。

存在主义者说存在先于本质，他们如愿地取消了约束，却依然在焦虑之中。因此，存在主义的解决方案不够完备。后现代的哲人说有一种本质是先于实在的，它不是逻辑思维，也不是非逻辑思维，不是存在，也不是不存在，很接近佛家所说的非想非非想、无无明亦无无明尽的状态，到达这种状态需要借助逻辑思维，但不能限于逻辑思维。

这种超前存在正是人的潜在发展，或许也可以说是一种审美状态。外道一心教人放下各种思维，妄图以消解的方式寻求清净寂灭，描绘一种似梦迷离的境界出来，终究是没能跳脱平面思维。是理性思维过时了吗？没有。不但没有，而且还要进一步拓展。工欲善其事，必先利其器，人们面向多维理性而开放自己，既获得多角度、多层次的审美和意义，又开创跨越线性时空、线性尺度的新世界秩序。毕竟，一个人的问题就是整个世界的问题。

无与伦比

不要拿善恶观念来评判一切,要从生命和建造的准则出发。

曾经读到说禅宗融会了中国儒道释三家精华,实在是东方文化的瑰宝。禅宗的道家、佛家传承,那是骨子里的,没有疑问。不过目前,我还是不大同意说禅宗吸收了儒家精髓。儒家是天理至上,然后把虚无缥缈的天理跟天子圣人联系起来,垄断了人与神的交通,截断了凡人跟神圣、跟永恒的联系渠道,在这个基础上发展起来一大堆忠孝仁义的礼教。儒家对中国文化的贡献主要就是伦理学,繁复无比,举世无双。

禅宗的六祖是一千四百年前的人物,后来的儒学发扬光大那是宋朝明朝的事情,而且日渐迂腐,跟禅宗可说是背道而驰。六祖是个不认字的粗人,秀才们哪里会把他放在眼里?不读圣贤书,又怎么传承儒学的谆谆教诲呢?至于达摩从天竺过来传道,根本就是外国人,连儒家最基本的礼节都不懂,见了梁武帝非但不下跪,还冷言冷语说他没有功德,可见这禅宗从一开始就不是孔孟的好学生。

伦理的基础是善恶、尊卑、上下等分别心,而禅宗恰恰就是要泯灭分别心,从生命的真髓看待存在的本质。儒家讲究功成名就,这跟禅宗的淡泊无求完全是背道而驰。一个以修身齐家治国平天下为己任、在官场里混的儒生，怎样才能同时选择另一种看似无所作为而又心安理得的活法呢？

文人墨客们纷纷参禅，像苏东坡欧阳修等大学士几乎可以算是俗家的禅师、官场的楷模。他们谈论禅，怕是为了卸任之后养老所作的打算，跟凡夫俗子追求死后的安分差不多，也就是说，不到被迫放手的时候，该执着的东西还是照旧执着的。

至于禅宗盛时，方丈们也纷纷登堂入室，根据资历分别成为皇宫、州府、豪宅的贵客，跟六祖当年惶惶然隐姓埋名躲避仇家追杀不可同日而语。禅宗跟世俗的联姻一开始就走了上层精英路线，直接登上儒家等级阶梯的制高点，然后才以俯瞰的姿态向凡夫俗子说话，而且说出来的话凡夫俗子也听不懂，太高深了。禅林也讲究起了血统论，美其名曰"一花五叶"，也就是分成了五个宗派，然后各个宗派分别传承一些嫡系的大师们，其他的弟子都是微不足道的分母。

不但如此，凡夫俗子如果谈论禅，精英们还少不了嘲笑一番，说你这个是野狐禅，来路不正还一身腥臊。这就好比说，私塾学生们在教室里摇头晃脑的时候，有个穷孩子站在外面听讲，想跟老师讨教个问题，却被老师轰出了校门。自此，禅不再是朴实无华的真理，而成了贵客们的玩物。说禅宗吸纳了儒家精华，不如说是我们谈论的禅宗早就被儒家文人弄得面目全非了。在此基础上改造出的中国禅宗，成了一团和气的好好先生，原本犀利的剑锋荡然无存。古文有赞颂说，"三教一体，九流一源；百家一理，万法一门"。全部统一起来，划归天子一人来统辖，这就从思想上控制了全体中国人，所以哪里有天子不喜欢的道理呢？这一团和气图，就是出自天子的御笔。

儒家用自己的亲缘伦理取代了禅宗的生命伦理,这是问题的根本所在。这两种伦理是不能相比的,就像两个人的脑子不能互换一样。倒是我们的邻居日本,在樱花、剑道、柔道、俳句、书道之中把禅的生命伦理融入了民族的灵魂。中国文人热衷于绘制山水,绘制夜宴图和上河图,很符合和谐盛世的主旋律,而生命本身的激情呢?樱花和浪花,在那短短的一瞬间都可以接触永恒。

国人讲究的是好死不如赖活着,但对什么是好死并没有一致的看法,其实意识里认为,无论怎么死都不好。赖活着就是没有灵魂,那么,好死就是有灵魂的,也就是有永恒的了,生如夏花之绚烂、死如秋叶之静美,如此一生可称得上好死。唉,为什么我们的古训那么没有出息呢?

风尚之禅

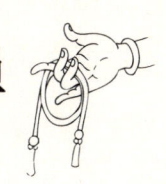

箭在弦上

孩子是蓄势待发的离弦之箭,父母是弓弦。

命运女神总是蒙上眼睛,丘比特的眼睛却是雪亮。两颗红彤彤的心,就那样被血淋淋地一箭穿过,人们还迫不及待地把这个场景刻在树枝上、石头上、胳膊上。一个是你的名字,一个是TA的名字,就像一根竹签上的两块烧烤,从此准备被生活所煎熬,由生到熟,由熟到老。

然而这枚箭很可能是山寨产品,因为你认真看的话,丘比特手中的正版箭并没有射出去,还在弓弦上搭着呢。命运蒙上眼睛,是因为从现在眺望未来;丘比特眼睛却是雪亮,不用说,一定是因为他是从未来回首现在。小爱神永远是一幅婴儿的模样,而婴儿代表什么?不是别的,婴儿就是新生命。他从未来召唤你和TA回到未来去一起迎接他。他就是那枚箭,而你和TA就是那张弓。

串起在另外一枚箭上的烧烤,是两颗甘愿受伤的心,爱像是彼此伤害,在伤痕的愈合中彼此交融一体,史称"磨合"。多么悲壮的场景啊!不过,这个现代人发明的符号,可能是曲解了丘比特的本意。箭头代表态势、代表流动,那是生命的方向。箭在弦上,意思是随时蓄势待发的希望、永远充满朝气的潜力。我相信对于弓弦来说,箭就是这样的意象；对于父母来说，孩子也就是这样的意象。

纪伯伦《先知》说，孩子是永恒生命为自己所造的箭，借着父母这张弓而发射出去。父母要尽力为孩子积蓄能量，帮助他在离弦之后能够飞得更稳更高。箭在弦上，那正是一个完整小家庭的图示，做父母的，应当珍惜箭还没有离弦的短暂时光。孩子借着你而来，但他不只是你生命的延续，他更是有着独立的思想、独立的灵魂，而且他长得飞快，来不及好好宠在怀里，翅膀就已经硬了。箭在弦上，他终究要从你的掌心飞走，再也不会回来。

一味强调孝道的传统训诫，存在着父母把子女当成财产的危险倾向，我们把"父母"称作带有权力意志色彩的"家长"，左右孩子的学习培养和人生选择，从幼儿园开始就踏上沉重的奋斗旅程，甚至态度好与不好都没有问题，子女对父母却必须服从接受、满足父母的意志要求。不想让孩子输在起跑线上的父母们"望子成龙"，可是为什么不想想，让孩子首先成为他们自己呢？

大愿法师讲述禅对于亲子教育的态度，关键就是两个原则：目的上是为了帮助儿女们成长为更完美的自己，方法上则是父母自己的觉醒在先，把孩子的教育首先作为父母自己的修行。

生命总是在向上演化的，孩子要比我们强，因此，不妨从孩子身上看到比我们更优胜的东西。不要因为未经觉察而把孩子训练得跟自己一样，也不要让孩子实现你自己的梦想，那样的话，是违背生命原理的事。因为生命要向前流动，不但无法倒流，而且也一刻都不能停滞。我们也不能停滞，我们需要跟着孩子一起成长。做父母的要知道，那箭头所代表的不仅是儿女，也是我们自己。在督促孩子学习成长的同时，我们也应该不断地学习、不断地自省成长，那才是最好的言传身教。

群龙无首

建设互联互通、整体进化的个人生命和生态文明。

命一元复始,万象更新。新春是一个重新启动的时机,新的生机勃然萌发,新的朝气重新充满胸怀,以活力和热情展开新的行动,播种新的希望。《易经》把生命之气势称为"龙",而"群龙"即是指万千的生命姿态。"生生不息谓之易",龙也许可以算得上《易经》的核心吧。

当龙咬了自己的尾巴,成了一个圆环O,就不再有首尾,而成了一个永恒流转的循环。这条"衔尾龙(Ouroboros)"在古代的炼金术里图解时常出现,它代表了生命的永恒,那也是数字0的含义:永远蕴含新的可能,"无中生有"的创造潜力。O不是虚无的绝对真空,反而是一切皆有可能。所谓一元复始万象更新,正是这样的写照。

当群龙互相衔接,我们看到了天地间各种生命的互相衔接、永恒流转,处处都蕴含着新的可能。《易经》说,"见群龙无首,吉。"请注意,这个"吉"字。生态世界本来就是这样的图景,符合这种理念的行为是值得提倡的行为。当下最富有潜力的生态文明思维倡导,人类应该重拾这个古老的世界观,把自己放在与自然息息相关、跟自然互联互通的宏大图景里面。互联互通的生态体系结构就像一张生命的大网，各种生机相互依存，并没有一枝独大从而主宰其他的一切，不论神还是人，都不是终极的主宰者。

食物链、阶级划分、个人实现、需求金字塔、公司权力结构、修炼的层级……人们偏爱传统的纵向树形结构，或者说等级制的金字塔层级结构，跟生命之网的基本理念不一致，它造成对个体价值的泯灭、个体与整体的对立、人们彼此间的崇拜和傲慢、人与自然关系的失调等各种问题。而横向平铺的生命之网对于个体、对于整体则都是有益的：对于个体来说，得以接触丰富多样的信息，使得自己能够更加完美地充实自我、表达自我；对于整体来说，每个个体的自我进化一起构成了整体的进化，并且因此构成了良性的循环。

生态文明的标志，应该是从金字塔结构向网状结构的过渡。而网状结构并不是混乱的无政府主义。语文老师说，群龙无首"比喻没有领头的，无法统一行动"，这里何"吉"之有？那正是无政府主义的错误理解。

网状结构是混沌，而不是混乱。混乱是无序的，而混沌是超秩序的。混沌是一个系统学的名词，它表达了这样一个体系：任何一点的微小的变化都可能牵一发而动全身，大家熟知的"蝴蝶效应"就是混沌的例子。混沌最显著的特点之一，是能够在每一点都不断创造新的秩序、新的美感出来。所以，群龙无首的本意，乃是对自然的讴歌，也是对微渺的凡夫俗子们的肯定。

除了自然生态，同样重要的是人的社会价值，把生态主义的原则应用在个人成长和社会领域。生态主义注重参与、共建、局域、整体这些关键词，是主张一个个彼此交联的网状结构。生物圈所有的物种

彼此之间相互依存，不存在谁是规划一切的主宰；以互联网所代表的现代社会空间，也可以看作类似的生态乐园。这几年来，"互联网思维"日渐成为热词，它也就是生态主义思维；"颠覆"也日渐成为一个热词，它也就是网络思维对金字塔思维的颠覆。

　　金字塔结构是传统的精英主义思维，把精英聚拢起来形成一个小圈子，来对整个世界进行管理，这样不但不能估计繁杂而细微的具体需求，也不能发挥群体的智慧和行动能力。实际上，如果精英分散开来投入千千万万不同的社区，起到带领、启发作用，会更加有效率和实现感。也就是说，希望每个人于内在方面发挥精英的精神，于外在方面发挥草根的优点。我们且创造自己的美、建造局域的秩序，整体上自然会构成一个不断推陈出新的世界。

　　因此，人要投入自己身边最切实的社会和环境，要有社区意识，以社区公民的心态参与其中，这个社区可以是实际的街道小区，可以是网络上的兴趣小组。也可以是跟周围的花鸟鱼虫、植被河流等一起组成的生态社区。以一个"民"的意识，通过建立局部的秩序、局部的美而参与到整个大环境的秩序、世界之美的建造中，但要切记自己是一个有名有姓有头脑有思想的花民，而不是草民。人对自然的关系也是这样，人是自然的精英，同时又是一个谦卑、呵护的民。

枕戈待旦

凭借思想的刀锋，指导智慧的建造行动，理想才能落在实处。

记得有篇高考作文题目叫做"隐形的翅膀"。连小孩子都懂得，所谓翅膀就是理想，怎么想象都可以，连天马都可以行空，或者按着外国人的谚语来说，猪都可以飞。不论是飞马还是飞猪，甚至《绿野仙踪》里的飞猴，都是童话般地可爱。

理想不等于思想，理想像翅膀一样蓬松温软、手感极好，思想却是毫不含糊的刀戈。形容思想的词语，比如敏锐、锋利、交锋、深刻，无一不是跟刀锋有关。前面谈到，禅宗把思想比作削金断玉的宝剑，世间的一切顽固，都能被思想轻轻化解，在这个上下文里，智慧跟思想应该算是同义词。耶稣说我来世间，不是叫人得宁静太平，而是叫人动刀兵，看来救主对于思想的刀锋也是很褒扬的。

既然刀戈相向，又怎样做到爱人如己？你佛慈悲，禅门又怎能容得下杀机？然而既然是思想的刀戈，那么针对的对象就不是人的本身，而是在人性外围的东西，刀戈相向正好比周伯通的双手互搏，搏斗的结果，不但毫发无伤，而且是武功造诣变得炉火纯青。刀子不用要生锈，思想不交锋又怎么保鲜，大家又怎么提高武功呢？恰到好处的话，动刀兵就能跟心灵成长完全一致，就是互相雕刻的石像，彼此刀戈相向的结果，去粗取精，成了两个美轮美奂的艺术品，这是爱人也是爱己的行为。

这里好像隐藏了一个假设：人性核心最本真的就是至臻至美的，像和氏璧一样，坚持把它发掘出来就是一种崇高的追求。同样的比喻还有，衣里的明珠，讨饭的金碗，脚底下的聚宝盆，都是叫人识别自己，把自己等同于一枚完美的夜明珠。

不少大学校园都有一类被人戏称"顶个球"的主题雕塑，都是用某样东西托起一个圆球，比如像民主科学顶个球，宪法顶个球，大学四年顶个球，简直不胜枚举。但是，这个形象其实就是"旦"字嘛，那个圆球素来代表满月一般的完美，以及一切与完美有关的东西，比如幸福、团圆、成功、圆满，以及关于这些完美的智慧教诲。

但是再仔细一想，人性的完美如果是预先就藏在最深处、只需要发掘出来就可以的话，那就不是艺术创作了。所罗门神殿的关键词之一是建造，人的成长应该是心灵建造的艺术，而且是众多的人一起参与的群体艺术，胜过一个人在那里独自修心养性。预定的完美是不存在的，理想的翅膀并不能飞到天上的满月。思想碰撞的刀戈之声，如果同时又是建设工地的声音，那么理想的空中楼阁到我们眼下所处的地面之间才有可能填补起来，使得理想成为可以触及的实在。城市化的热潮把所有人群密集的地方都变成了建筑工地，但与此同时人们思想的村落还没有多少蓝图。

宙斯是脑壳开裂，以这样的方式生出了全副武装的智慧女神雅典娜，这意味着思想需要武装，才派得上用场。她一手拿着戈，一手拿着那个金色的圆球，圆球上还有一个小神仙，那是胜利女神尼姬(Nike)，她的背上则生着一对翅膀——啊，原来翅膀在这里！可见，依赖于思想的交锋与智慧的建造，凭借着自我丰富和共同建设，以这样的艺术方式作为平台，才能够让理想有立足之地。所以在元旦到来之即，睡前请在枕头下藏一把匕首，以此作为对新年的最好祝愿，让我们枕戈待旦，天明就一起开始行动。

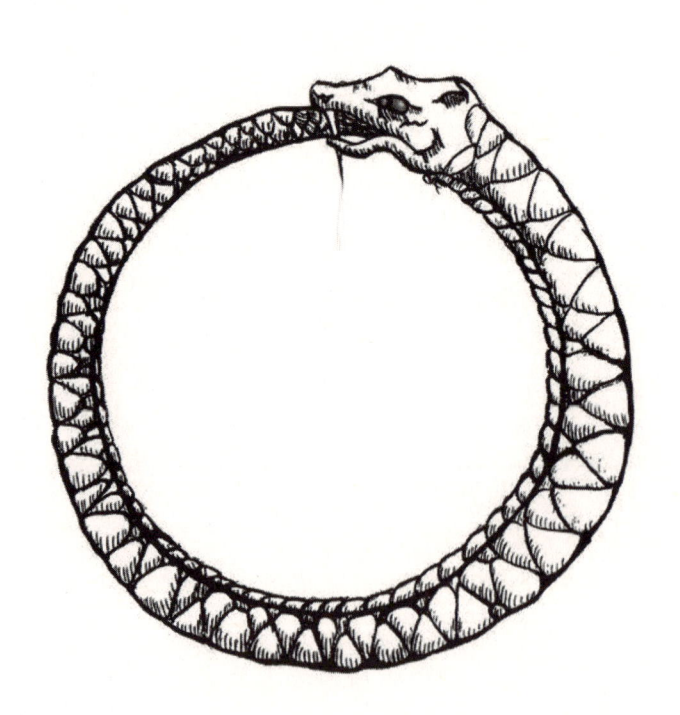

叶公好龙

人要敢于真正地求索关于自身存在的问题。

叶公好龙这则故事，一直很令人费解，也不知道能有什么寓意，然而这个小故事却流传了两千年。我一向怀疑，儒家借此渲染一种在谒见真龙天子、伟大人物时那种诚惶诚恐的心态，比如不敢抬眼角望上看，只敢跪着不敢站着，就算有落座的机会，屁股也只敢坐半张椅子，标准的奴性。然而儒家思想自古迂腐，这样的理解也照例愚不可及。

龙代表生机、代表灵气，所以叶公好龙的故事是说，人们虽然谈论关于生命、关于灵魂的事，但是真的付诸行动的话，却又畏缩起来。高尚的道理千千万，张口即来，但都是拿来教训别人的，难得从自己做起。那谁是叶公？直截了当地说，"叶"就是身体。不信你看，"叶落归根"指的是身体老之将死，趁着还能活动，爬也要爬要回故乡去；"一叶知秋"，自己的体力状况不如从前，知道已经步入中年，开始走下坡路了；"枝繁叶茂"，形容一家子人丁兴旺，如此等等。

放眼望去，整个人间，全是一枚枚的树叶，歌手、诗人们从风中飘过的树叶联想到自己，为此写了许许多多的诗歌。秋风是悲伤的源泉，因为秋风扫落叶，彻底断绝了叶子的希望。金枝玉叶让人羡慕，残枝败叶让人厌弃，所以叶子们努力地寻找着可靠的树枝，并且为此而互相攀比。像《蜗居》这类毒草，就鼓吹这种存在方式是最合理的。说它是毒草，因为它代表了现实妥协的市侩文化，它让人一叶障目不见泰山，只看见身体、生存的需要，看不见更大的图景。

这更大的图景就是宏伟的生命之树。《秘苑玫瑰》里曾经这样写道："生命之树是颠倒的，它的根在天堂，叶子在人间。"是的，世界是颠倒的——是心智包裹了身体，而灵魂又包裹了心智，所以虽然身体是彼此泾渭分明的，而心智可以相互感应，至于你我的心灵，则在某种程度的生命里根本是一体，也就是我做过好几次的比喻，从树叶到整个树枝，从树枝到整株大树。

毒草文艺让人们顺应世界，实质上是颠倒了正反，观音说他们是陷入了"颠倒梦想"，而必须远离这些才能究竟了悟，也就是说，只有那些倒过来看世界的人，才看得到更清楚的实相。有不少古人相信，既然如此，那么从树叶到树枝再到树根的旅程，就是从物质世界到精神世界的提升之旅。柏拉图、王重阳、苦行僧，他们纷纷号召说，脱离凡胎吧，跟我成仙去，因为他们相信一切有一个至善的源头，终极的树根。但是，如果树叶们纷纷脱离自己的肉身，向着树根汇聚，那么整棵大树也就立刻死掉了，都来不及探索树根是不是真的很无限。

所以说，不需要跳脱红尘。只要有颠倒的视角就可以了，像王小波《寻找无双》里的王仙客，倒挂在房檐下，用望远镜看着对面的屋顶。塔罗牌上那个倒吊的人，是一个吉兆而非凶兆，他所吊的地方就是花园的大门。倒过来之后，最低点变成了最高点，最高点变成了最低点——别人觉得有了颜如玉、有了黄金屋，这一辈子就实现最高目标了，对他来说，这都是在地平线上说话，那些人说的"高"，其实是面积，而

不是高度。

可惜的是他所看到的生机和灵魂的高处，在别人看来是不值一提的低点，他们也对他嘉许地点点头，心里却是一直在摇头。这些衮衮诸公，就是滚滚红尘里的叶公。

名花有主

靠着不甘从众的独立人格、勇于思索的独立思想而超越自己。

在"群众"这个词从日语引进来之前,中文里相当的词汇叫"草民"。这草有讲究,论到个人的时候是草芥,不值一文钱;论到集体的时候是一茬一茬的草原,野火烧不尽,春风吹又生。元朝时统治中原的蒙古人以游牧文明的眼光处置天下众生,蒙古人是人,西域各族统称色目人的是马匹和鹰犬,北方的汉人是牛和羊,南方的汉人一概属于最卑贱的草。草民如果不读书混个一官半职就连名字也不能有,也不必有,只能以父母的年龄相加或者出生的日期命名,张三、李四、王五、赵六,以至明太祖的祖宗朱百六、朱四九、朱五四等,莫能例外。

老师课堂上点名,用的是花名册,不是草名册,可见只有花才能有名字。花是草的毕生梦想。草民参加科考,中了进士要游园庆祝,有美少年采花相迎,状元胸前要佩戴一朵大红花,满大街地风光,即便最后一名也称"探花",表示从此也是花民而不是草民了,这可是在世重生。八仙里的蓝采和,他的花篮据说是包罗万象、神秘莫测,虽然他自己是像济公一样破衣烂衫的小乞丐,他篮子里的花却可以带给人间神奇。什么是神奇?一定就是把草变成了花。

俗话说，墙头草，随风倒。草民不但没有自己的名字，也没有自己的判断和立场。这样对于统治者来说，草民或者群众是最容易操纵的，该发动时发动，该服帖是服帖，甚至群众斗群众也可以，而且双方都是最听话的。因为他们不会自己思考，只需要一个最高领袖替他们思考就可以了，他们唯一需要做的就是参加。儒家最不讲个性，儒家制作的GPS导航仪一定没有坐标值和方向感，只会靠着前后左右的人际关系来定义方位，如果周围没有其他人就寸步难行，把自己这个"人"消匿在群"众"当中才有安全感。孔夫子说三人行必有我师，我怀疑是一个哑谜，三人加起来就是众字，古代的写法"眾"也是三个人上面顶着一个表示数目的"目"字，可见他的老师就是从众思想。这个思想如果不是儒家的首创，也全赖他们的发扬光大，这就难怪统治者们最喜欢儒家思想，只要控制了思考和说话，就控制了这些又聋又哑的、盲从的众。

当民众没有名字只有数量的时候，人就不见了。看不见人是一件危险的事。就像走路的人相遇还会打招呼，骑自行车的时候还会礼让，一旦钻进了汽车的壳子，满大街的汽车就毫无礼节与合作可言，人的劣根性暴露无遗。在网上也是这样，真人出现的微信，基本上以善意和欣欣向荣为主，而允许匿名发帖的论坛和网页评论无不是充斥着言语暴力。匿名的草民摇身一变就能转化为愚民，甚至暴民，因为没有名字、没有自我，也就没有了主张、没有了责任，但与此同时，没有自我的人，跟动物有什么区别呢？恐怕有时候还不如动物，因为动物还有畏惧之心，原始的人类也有畏惧之心，而现代的草民大无畏，又什么都不信，说暴就暴，一点也不会含糊。在这种情形下，谈什么民什么主，只有草民和明主这一种模式，民主就是自己当官去"为民做主"，明主轮流坐，草民则一成不变，千百年来回地折腾都没有跳出去。

无数草民所组成的群体，既可以展现积极的草根群体智慧，又可以展现破坏性的团体迷思、盲目的从众心理。分水岭在哪里呢？就在于，每根草是不是有自己的独立思维和创造。眼下的戈壁滩上，草民多半还是自娱自乐为主，见面问问：草，你妈好吗？以为这就是草的乐趣，你草，我草，大家草。这不是好景象，从众的幽灵正在徘徊。

还有一小部分草民厌倦了草与被草的存在，希望从草民变成公民。他首先要明白自己身上带着愚民乃至暴民的文化基因，并且对自己的基因严加看管。为此，就要有所信仰、追求，有所谦卑、敬畏。儒家说要唯唯诺诺，心里充满畏惧，但正是这种对权势、对人的畏惧，让草民连磕头的时候都不敢抬头看。姜文在《让子弹飞》里朝天放枪高喊"不许跪"的时候，面对的就是这样的众。人真正该敬畏的，必须是超越的东西，不管是自然还是天帝。如何做？简单，就是提问哲学的最基本问题：我是谁，我从哪里来，我要做什么，我的价值意义是什么？首先认识自己，然后才能提高和超越自己。旧社会把人变成草，新社会把草变成花，蓝采和在市井之间给每一个卑贱的草民带去令人重生的精神之光，凿开混沌的草的七窍，把光弥散成花的七色。

小草思考关于自己的问题，然后就开了花，佛祖拈花微笑也是为此而欢喜。这样全地的花开，各有其名，以花之名才得以实现真正的民主。每个人首先靠着不甘从众的独立人格、勇于思索的独立思想而超越自己，才更好地活得像个完整的人，这也是构建最佳社会秩序的先决条件，由公民组成的现代民主社会，必然是百花齐放。

乌合之众

乌托邦与合作社是否最美的理想？

　　台湾歌星罗大佑的《童年》里有句歌词："合作社里面什么都有，就是口袋里没有半毛钱"。读这句要用民谣的调子，朗朗上口，让人立刻回想起童年时对柜台里寥寥无几的糖果的无限神往。不过那在大陆叫供销合作社，简称供销社，而我知道这些事情并且记忆犹新，说明我已经跟罗大叔一样老了。

　　"合作社"这个名称一听就有理想主义情结。像我们这样上了年纪的人，在这种理想主义情结的年代出生，身上都打了理想的烙印，直到现在也看不惯没有理想的东西。比我们更老一辈的罗大爷们，还要更加理想主义，饭可以不吃，新衣服可以没有，甚至生命都可以不要，但理想却不能不去追求。有了大爷们抛头颅洒热血，大叔们才得以安心地吃好饭穿新衣，合作社就是这样应运而生的，而合作社原本是集体公社的一部分，这个大的机制叫做人民公社，大叔大婶们的正式身份名称是响当当的"社员"两个字。

　　人民公社经过了短暂的流变，后来就进入了神秘境地，中间的事情大家都有耳闻，但总有人怀着对理想的执着追求而不放弃。多年前大邱庄、华西村这样的地方声名鹊起，就是因为各自在四方的城墙之内实现了最接近理想的桃源，仿佛老子的小国寡民：城墙之内是不分你我的大家庭，而城与城之间则根本不必往来。类似的建构在西方也有实践，比如阿米什人在乡野建立的庄园，把家庭的私有财产减少到最小，把共同的劳作分享增加到最大，为了防止人与人之间的差别，甚至拒绝引入现代化的消费品，而为了促进人与人之间的合作，又坚持使用人力来进行耕地收割一类的劳作。看起来，他们的小国寡民主义更加彻底。

"天国总是要到来的"，整个人类都做如是念。城墙里的人们显然是最划算的了，他们所过的生活比其他任何地方都接近乌托邦，不用无助地等待千年万年。但是这类基于宗教理念的大庄园也并不比基于生产资料的共产主义庄园进化多少。村庄不理睬人的独立性和精神性，人蜕变成了无差别的、会劳作的机器部件，吃喝娱乐都只是相当于对部件的维护，庄园也就成了控制成员的庞大器械，像电影《云图》里的飞船一样，外表的光鲜许诺下藏着无情的实质——在那里，彼此无差别的克隆人终其一生都生活在一个关于离开的空洞许诺中。

至于友爱合作、互为肢体而享受神性生活的庄园，看似最完美的情况也陷入矛盾：人们互相间完美地配搭成为一个"团体人"，而这个团体人却是在与世隔绝的笼子里，这对人来说难道不是最残酷的惩罚？试想每个人自己的例子：内在的成长，跟外在的体验是相互呼应的；缺乏经历的话，内在也会陷入僵局，也就是说生长的活力没有了。从物理学上说，生命都是开放的系统，必须通过与环境的交换而获得成长变化。自我封闭的乌托邦方式跟生命的规律相违背，所以是缺乏生命力的方式。

但是合作毕竟是必由之路。对个人来说，要突破自我才能实现最有利于自我的成长；对个人所组成的团体来说，也是一样。团体人与孤立人的区别应该只在于结构形式的方面，而在精神与生命的原则上来说应该是同样道理。所以，一个团体不但要促进而不是压制个人在身心灵方面的完全成长，而且更要强调团体本身的生命活力和精神追求，并且为了这个目标而促进团体与团体之间的密切协作、团体与世界之间的充分互动。不管是乌托邦还是合作社，都是一样的这些群众，不同的是认知的差异。我相信对于团体协作的理想还是深深植根于很多人的心里的，一个充分激发调动这种理想火种的行动必然有长期的意义。只是这种行动的倡导者本人一定不能陷于自我，行动的最高纲领也不能止于物质的层面。

蔚然成风

春风化雨,万象自新。

风俗、风雅、风光,这风是指民风,也就是一个地方的人文气息、一个社会的文明状态。从微风到狂飙,自然有风情万种,人间也一样,但最令人心旷神怡的,必是那种温柔的清风,无影无形,看似无力,然而一样是充满力量,这力量不仅轻轻拂过你的发梢、带着一丝清凉沁入鼻息,而且也能摇动参天的巨树,在整个湖面掀起涟漪。这力量让人想起中国的太极,其实我们也不妨说,自然之道就在这种同时抚及宏观与微观的轻风中得到体现,向往自然之道的人也总是因此看到和谐、看到平衡与宁静。

但太极不只是玩平衡的游戏,人们也不能满足于平衡。韩寒犀利的揭底文字、宋祖德口无遮拦的大炮,都让饱受张力和压力的人们得到了释放,获得了心理平衡,但那就算完了吗?平衡了,就又能坚持一段时间的容忍,直到下次再释放一次,如是循环,但归根结底仍然是消极被动的态度。太极生两仪、两仪生四象八卦以至万物,所以创生更能体现自然之道。自然没有一时一刻停止,永远都在变化。蝎子乐队有一首著名的歌曲《改变之风》(Wind of Change) 如此唱道:未来就在风里,你随时随地都可感觉,就在那改变的风里。

这风不是革命的狂飙,"东风吹战鼓擂"的那种疯狂的吞噬你我的龙卷风;不是忽左忽右无法预测的时尚流行风,让人被每一个春夏秋冬的轮回弄得晕头转向的风;也不是揭开屋顶三重茅、又把树上的枯叶清扫干净的秋风,那种肃杀败落的景象并不是我们要的春天。这些风的社会力量,让人们"被改变(To be changed)",而只有那种春风化雨的微风,才是让人们"改变(To change)"的风。也就是说,要化被动为主动。

自然之道没有详细地规划每一个生命的成长步伐,相反,它鼓励每一个生命主导自己的变化,上天有好生之德,"道生之、德蓄之",这"德"就是容纳、促进。这种德行同样适用于当下对于人文风貌的建设,对社会生态的每一个个体来说,要有充分的自我表达的机会,并在平等的基础上,整个社会整体才能有健康的多样性,在这样的氛围下,个体和整体才能有良性的互动关系。在生态文明时代,关键词不是静态的"和谐"而是动态的"协同",整体的进步必须建立在个体自我求变的基础上,而个体的成长也有赖于社会能给予足够的机会。

这个良性互动的契机在哪里呢?在于每个人的自发求变,并且自发者能够从身边开始凝聚起局部的秩序,比如基层民主、本地经济、思想圈子,等等。中央集权的金字塔过时了,经济领域的中央集权模式——全球化也过时了,它们必须让位于一种基于自发性的机制。在一片混沌之中,这些秩序的核心逐渐长大,直到互相联合成一片结晶。

《易经》说,"君子豹变,其文蔚也。"变化像豹子的花纹,那纹理就是"蔚",成长生发的样子。但具体是什么样子呢?就是豹斑这样局部逐渐条理、逐渐丰富的成长方式。现在不是烧掉旧世界一切重来的革命思维的时代，不论在哪里，哪怕北京和华盛顿同时都被小行星毁灭，社会也依然会按照既定的方式维持，那比混乱更符合人们的利益。那些旧时代的民主斗士虽然以革命为职业，但他们的思维模式恐怕已经过了时。不论在哪里，个体的觉醒是主动掌握自身命运的开始，依靠觉醒者的联合协同、从局部开始的秩序建设。豹纹代表了持续建造而日益精细的秩序，虎纹代表了宏观粗放的主旨，两方面如同阴阳的相辅相成。君子豹变，即是在肯定既有秩序的基础之上，继续构筑更精妙的美，这是承认历史、欣赏历史、创造历史的变化方式。

那么谁是"君子"？每个人都有人性，每个人都有自己的观念和思想，不妨说，君子是形容一个人接近人性的本真，而远离人性的就是小人，所以一个纯朴而热爱家乡建设的民工也是君子，哪怕他身上蹭满了旅途的肮脏，而衣着光鲜却没有人味的小人，我们也都见多了。要投入这社会、改变这社会，相信最好的切入方式就是联合志同道合的人，促使更多人自我觉醒、主导命运，让充满爱心、充满奉献精神的人能够在享受和丰富中实现自己，这同时对其他人也具有积极的示范作用。做先驱，但决不做先烈，不要让这些志愿者们付出了心力，却收获更多的苦涩甚至痛苦。春风毕竟美丽，那才是蔚然的、改变的风。

三生有幸

生存、生活、生命，以完整的人存在于世间，才知幸福滋味。

据说，"幸福感"三个字终于要取代"GDP"，成为考核政绩的重要指标。但是习惯了从钱眼儿里往外看世界的人，还是免不了把"幸"字理解成上"土"下"￥"，也就是既要有房产、又要有存款，那样我就有幸了；又把"福"字理解成天赐的一口田，也就是中国石油、中国电信这样的金饭碗，或者更好的是水晶饭碗——公务员，每年都有千千万万的灰姑娘希望能借此翻身，从此进入有福者的行列。这样的说文解字并不是我的独创，而是英雄所见略同的共识，凡是被钱眼儿勒过脖子的人都有类似的见解。

但是出现新气象的原因，正是"土""￥"结合不但没有让人们感觉幸福就在眼前，反而觉得幸福依然远在天边，仿佛万里长征只走了第一步。按着习惯了动车组速度的中国思维来说，幸福感的年度递增速度远远不到8%，亟须发明一种提速的机制。国情是"官出数字、数字出官"，既然官们开始研讨幸福感，数字指标基本上指日可待，到时候大家又多一项攀比的指标，隔壁的幸福感有25%，而我才有3%，这可怎么办呢？而一旦这么一想，又立刻降到了2%。这个时候我自己的指标其实不是最重要的，最重要的是我跟邻居那22%的差距，而且说话间，这差距又扩大到了23%，有点越来越赶不上的趋势，怎么办？

　　实际上，人们对于幸福的追求真的比任何事情都要卖力多了，工作也是为了幸福，辞职也是为了幸福，繁忙也是为了幸福，消闲也是为了幸福，结婚也是为了幸福，离婚也是为了幸福，生子也是为了幸福，贩婴也是为了幸福，上访也是为了幸福，拆迁也是为了幸福，简直天下没有一件事情是专门自讨苦吃的，就算是一时吃苦，也是为了苦尽甘来。所以衡量幸福感跟衡量GDP不同，没有一个唯一的检验标准，你得放手让每个人去追自己想追的幸福。有人冒充佛家说，"人的不幸福在于追求错误的目标"，因此，不要去追别人的目标、去惦记那22%，要追自己的目标，而且要追对了正确的目标，就是幸福的。

　　说这是冒充佛家的话，是因为"追逐"两字，佛家的立场是什么都不要追，包括成佛的事也不要追。追逐可以从生存的角度理解，豹子追逐猎物是为了生存，它吃饱的时候才懒得去追什么东东，在树荫下一卧，休闲着呢。追逐也可以从生活的角度理解，媒体会号召人们从物质追求上升到精神追求，什么陶冶情操、实现价值之类的话，说的人、听的人都不能真心信服。一切的追逐都需要合适的代步工具和攻击武器，不可避免地把人变成工具和武器的操作者，进而变成被拴在这个工作岗位上的可怜人。从生命的角度来说，就谈不上追逐什么了。其实关于"追逐"前面也写过，但这次的重点是另外一个关键词。

　　生命不是梦，因此不存在"追梦"这样的理想，生命是每天实实在在的实际，不但不用追，反而像瓢泼大雨一样没头没脑地砸下来，躲都躲不过。然而无数人都学会了穿上雨披，或者打上伞。如我写过的一句话：每个人都撑着自己的伞，谁也看不到头上的天。这伞是彼此防范的距离，伞和伞相互碰撞而阻止我们彼此走近；雨衣则是阻隔了我们体验每一滴生活的雨水，以为那样是对自己的优待，其实就像蒙上眼睛不许看一样，自我剥夺了一种重要的感知。

  禅宗拿吃饭比喻说"粒粒咬着"，就是说，别看一口饭那么多米粒，你吃的时候，其实每一粒都亲自咬到的。关于生命的事情也需要这样，一件一件地亲自经历、亲自品味，而这需要学习，就像品酒一样需要学习。这就不是追逐的事，而是体验的事，幸福感就在这体验里，做一个鉴赏家、美食家这样的角色，能从雨水和米饭里看到美、看到情趣。生存、生活、生命，以完整的人存在于世间，才知幸福滋味。与此同时，他还要会说，开动心智把其中的道理表述清楚。幸福的人不仅自己懂得，也能讲给另外一个人听。

生龙活虎

把生机活力带入自己的生活。

龙象征生机，虎代表活力。生机强调的是蕴含、潜力、内在，犹如种子即将萌发，看见龙是未来充满希望的吉兆。《易经》说"现龙在田，利见大人"，意思就是说看见这样的吉兆，就预示着有贵人将要出世。谈论龙，可谁也没有真的见过龙，据说叶公见到了真的龙，结果被吓死。龙的本事，在于生，所以古代说"龙生九子"，包括全天下人都是它生的。

人们真正能看到的，乃是虎，虎的本性在于动态。说起活力，侧重的总是外在的表现，看得见欢快的蓬勃成长，听得见嫩叶舒展的笑声。杭州有个虎跑泉，是一个高僧梦中看到老虎幻化，但你看无论哪一个泉眼的奔腾，不都正是虎头虎脑、精力旺盛的样子吗？

龙生九子，其状为风；虎跑梦泉，其行为水。龙虎就是"气"，风的无影无行、水的流动凝聚，传神地表达了气的素质。晋人郭璞说：气的运行，因地之势而聚散，行如风，聚如水，故谓之风水。关于气的学问，大概就是中国科学史的全部精髓，风水之术是其中重头戏。

啊，原来我是在说风水的来历。中国风水最讲究"气"，中国哲学的核心就在这个字。但是说起来呢，无论儒家、道家，还是阴阳家，一开头虽然都说"气"的玄妙，但随后笔锋一转，各自说起各自的实用方面来，也就是说中国的思维方式是从上至下的，从最高最玄的超凡之界投射到凡间来，注意力全部集中在现实现世，西方则是恰恰相反，始终从现实出发寻找超越现实的升华。

继续说风水。风水师眼里的世界是宏大的"气场"，山水的形态和环境的因素决定了气场的态势，因此建筑的方位、布局乃至时机都要参照最佳的条件。天人合一的思想传统，追求生活规划要天时地利，其中黄道吉日是顺应时间之势，择屋选地则是顺应空间之势。

龙和虎是四个瑞兽之一，风水术常说"青龙白虎"，一个是风，一个是水，又分别代表西方和东方。而另外的两个方向，南方朱雀、北方玄武，则分别代表了火和土。这刚好是四大元素，也就是"四大皆空"那个"四大"。从四元素的理论体系出发，如果循着研究人体健康平衡的思维方式，那么建筑的"健康"应该以四元素的融洽、平衡为标准。

"气场"这个词，可以走向伪科学，也可以走向浪漫主义，取决于你是选择理性还是感性。然而这是在科学之外的范畴，因此并不能走纯粹理性的科学之路。走感性道路的话，得出的第一个结论是：自然是遍地生机。自然的生机在盘古和夸父轰然倒塌的时候就暗示了：他们的肌体变成了山川、植被和动物，他们没有死，而是以多样的生态世界的方式永远活着。邻国印度的风水就是用一位神祇的坐像代表一个房屋的正确布局，灶台卧房之类各归其位，俨然把屋子当作了神灵的身体来对待。

自然可以拟人，房屋可以拟人，那么反推一下，第二个结论是，人也可以比拟自然，人也可以比拟房屋。心灵的内在，也是活生生的建造空间，是生机活力的一方天地。因此照理，心灵空间同样也得讲风水,也得讲平衡。内在和外在相互映照,心灵与生活彼此促进。外在生活井然有序,内在心灵也会清朗整洁;外在生活充满矛盾冲突,内在心灵就会堆放许多的垃圾。然而人首先主动打扫收拾内在空间,才能主导外在生活的秩序越来越顺心如意。

而"生龙活虎"变化为"生活",是谁的生活?显然,就是龙、虎所面对的生活。你如果不是龙不是虎,那还有谁是呢?具体来说,以创造性的态度,积极地进行自我心灵的建造,以及实施生活的每个内容。人们谈起生活往往想到负担、责任,想到单调、消磨,那只能说是受了现代消费主义思想的蒙蔽,可不是"生活"二字的本来含义。

不三不四

开放性的关系,不是开放的性关系。

不三不四!别急啊,这可是句表扬男人的话!因为男人有钱了之后,既不养小三、又不养小四,让家里的大婆放心,这是一种值得称道的美德。相反你看,朝三暮四的人天天犯愁:到底上午陪小三晚上陪小四,还是上午陪小四晚上陪小三,结果不是颠三倒四,就是丢三落四,落得自己心力交瘁、低三下四,还让所有人不满,如此再三再四,这哪里是享受呢?分明是个受苦的命嘛。

三、四这两个数字,度量着男人与女人之间的关系。古人讲三从四德,是把女人当成男人的附庸,男人说哪样就哪样,三妻四妾也不是问题。现代人貌似平等貌似女权,但是所谓小三、小四的称谓,潜意识里也还是以男人为中心,女人依然是一种跟房子、床、厨房和饰物等捆绑在一起的物品。大婆满大街追打小三成了一个屡见不鲜的现象,在女人之间挑起战争的男人却成了光荣的奖励。看客们鼓励美女角斗士上场表演,以道德审判的名义集体投票,其实打架从来不会优雅,不是你扯我的胸罩就是我抓你的大腿,看客们只是为了满足自己的窥视癖而已,心理阴暗得很。

男女关系，依照经验之谈就是亲情、爱情、友情这三种，但是友情是个特洛伊木马，看似无害，里面却藏着知己、情人、炮友等各种非传统的关系，统称第四种关系。暧昧也不行，再一再二，怎能信得过？出于警惕，女人们依然怀念传统时代，男女授受不亲，也就没有了友情、没有了这些把持不住的种种，因此第三、第四种关系一概不准。哼，以后在老娘面前决不许说三道四。

安全感，这个温柔的词语背后藏着阴暗的恐惧。男人也不是没有对安全感的担心，谁也不希望自己被人弃之如敝屣，但女人的自我价值感尤其被这双上了脚的鞋所捆绑。男女之间有没有真正的友情？这个问题让第一夫人来回答的话，绝对是斩钉截铁的没有。至于第四种关系，比友情多一点比爱情少一点，该理解的时候理解，该倾听的时候倾听，该出现的时候出现，该消失的时候消失，看起来既拿到各种好处又无拘无束，几乎是最先进的社会发展结晶，这样的好事谁不愿意呢？可是好事真能让你都占全，那未免也太理想了些，白日做梦！

蔑称必须放弃，就算夸奖一个人不三不四，也已经落后于时代。社会性是人的天性，这个天性并不因为男女不同而设限，人们习惯以爱情、友情、亲情来作为标准，可这样做恰好是本末倒置。人与人的关系，本质上是人与世界、人与社会、人与自己的关系，所谓躲躲藏藏的第四种关系说到底也许只是一种假象，它可能原本才是最根本的基石，而其他的友情、爱情什么的才是建造于这个基石上的衍生物。如果不能站在人与世界的角度来看待问题、没有独自面对与审视世界的勇气，也许永远也看不出纠葛的头绪。

人与世界的关系必须是开放的，才能够让人有足够伸展的空间和可能性，就像天空和土地。开放的姿态面向未来，怀着憧憬和热情，跟同样开放的人一拍即合。但是"开放性的关系"并不等于"开放的性关系"。开放性的人在一起，关注的是人与人之间建设性的合作和取长补短、你我怎样构成这个共同织就却又独立面对的世界，关注如何让自己的人生更加充实、更加有自我实现的价值感，这些完全符合马斯洛的金字塔，开放性的社会关系也是登塔的必由之路。相比之下，对假想的第四种关系时刻警惕着的第一夫人们，自甘封闭，进而退守到与真真假假的小三小四做斗争，耗进去自己的时间和心力，对自己不能不说是一种耽误——你原本也可以以开放性的方式度过人生。开放的关系必须存在于两个开放的人之间，如果一个开放而另一个封闭，那么其他的衍生关系包括爱情和婚姻都不能得到良好的培育，反过来，她们还责备是开放性关系的错，都是他在外面花心啥的，男人么真是下半身动物！

　　基于开放性的爱情，必然也不能是封闭的，要不然，依然是一个封闭的自我，只不过这个"自我"是由两个人组成而已，暂时虽然有合一的喜悦，长久下来跟一个封闭的单立人没有任何区别，时间越久越会觉得枯竭。但是这一放开，又必然分别有引入新的开放性关系，只是个时间问题。当一个人带来了新的外界因素，另一个人怎么应对呢？如果有分别心、执着心，就生出种种焦虑，然而再开放豁达也不可能做到无动于衷，因此，开放性的关系实际很难掌握。但是对比之下，婚姻制度对人的内在天性的限制更加不能容忍。随着越来越多的人选择彼此尊重对方的人性应有最大的发展空间，在未来，开放性的社会关系可能正是婚姻制度消亡的主因。

　　当女人表现出足够的勇敢和智慧，走出所谓安全感的狭隘一隅，才是走出蜷缩的姿态、舒展了自己生命之树的枝条。人与人照样可以做连理枝，但借着彼此的联姻走向人与整个世界的联姻，立足第一人称的自我建立第二人称的配合，随着第三人称的引入走向第四人称的超越自我，爱在这个层次递进中获得出生、成长和升华。一个不能从人的角度认识女人的男人，也一样不能从人的角度认识自己。谁知道，未来也许很疯狂，男人肯定不能以三妻四妾为荣，却也未必会以三角四角恋爱为耻，甚至连性别的限制都不再是爱的条件，因为那时的爱已超越我们今天所下的定义。

> 冬天来了
> 寂寞躲在窗子背后
> 幻想春天

大同小异

大爱无边,超出自我,彼我同一,小爱则让小我相互疏离。

"至道无难,唯嫌拣择";求道不难,就怕有分别心。跨越你和我的差别,是世界上最难做的事。在各自的自我里面,我和你,可能是势不两立的敌人,如何能够超越这种分别心,大度地、无私地任你得到、任我自己失去?我做不到,我也相信没有谁能够做到。但是除了这种极端的情况,超越分别的心态不妨可以简化成为两个字——宽恕。

这两个字有大用,特别是对你又爱又恨的人。你的父母,你的子女,你的另一半,你的心上人。放对方一马,其实就是放自己一马。越是你所在乎的人,你心里对他的过失越敏感,他对你的伤害能力也越强,远远超出他自己的意愿。如果你牢牢记着他的错,那么这负面的情结就一直也挥之不去了,就像是寄生在你心智里的虫子,你偏要一直供养它的生存。宽恕就是解决这个问题的药,不想伤心事,直到饿死那条叫做伤心的虫子。宽恕的对象又可以是自己,让自己不纠缠于过去的错误、过去的失落,首先要能够接纳自己,才能够真正地接纳别人。

宽恕这两个字又可以简化成一个字——爱。爱就是交融,就是拉下彼此的分界,在心灵里合一,你就是我、我就是你。因此,爱对方也是爱自己。当然，这仍然是"小爱"。大爱如何呢？大爱就是你跟更多的人在心灵合一，直到没有边界：你就是我，我就是他，他就是她，她就是你。然而那是遥远的事，小爱能够做好就已经可以算得上亮晶晶的钻石了。

和尚不谈情，但是说爱。出了家，断了七情六欲的尘根，因此和尚说的爱跟七情六欲没什么关系。庄先生说，"大知闲闲，小知间间，大言炎炎，小言詹詹"。大智之人豁达恬淡，小智之人算计不停；大智之言简洁明了，小智之言复杂啰嗦。情爱是具体、琐碎的，无数关于爱的箴言、经验、故事、感怀什么的，可算是小知、小言罢了，所以情爱就是小爱。

和尚说，大爱无言。大言的极致就是无言。流行歌曲唱道，无言的思绪，无言的结局，等等，不是佛家所说的无言，歌中所说的无言其实是无奈，是满肚子的小言之语，憋着说不出来而已。大爱无言，是"不可说"，妙在各人的自身体悟。不仅禅的真谛是不可说的，爱的真谛也是不可说的，合理的猜测是两者可能就是一回事。

虽然不能说它"是"什么，但可以说它"不是"什么。和尚还说了，大爱无边，大爱无疆。爱，没有量值的限度，没有距离的限度。地震灾害之后，"大爱无边"和"众志成城"是所有人张口即来的词汇。音乐家雅尼在演奏会上最喜欢表达的一个观念就是他在万里高空看待万家灯火时的感触：边界只是人为的划分，他甚至以《无边·无界》作为自己多年音乐创作集大成的标题。类似的场景也激发了法国航拍摄影师、环保人士亚恩（Yann Arthus-Bertrand），他拍摄的纪录片《家园》《人类》以无界的悲悯检视了万千众生各自所面临的境遇，在本质上响应着佛家"苦谛"的教诲，呼唤人们彼此体恤、理解，放下对差别、我见的执着。克里希那穆提说，当边界消失时，爱就出现了。

　　大爱是同一的，小爱是千差万别的人间气象。不过，小爱也是爱。小爱跟大爱的对立、小我跟大我的对立，按照"不二"的禅宗思想，都是虚妄的。因此，小爱的核心是大爱，而大爱包容着小爱；小我的核心是大我，而大我包容着小我。有些励志书教人对付小我，对付那个被贴上自私标签的"自我"，是有所欠缺的。正确的姿态应该是接纳。同理，小爱也不全然是自私的，小爱也是出于真爱，只是为疆域所限而已。爱的边界就是一个人的境界，边界越大，境界越高，直到没有边界，那就跟大爱同一了。而这边界在哪里？若不碰壁，当真难了解。如果小爱觉得受伤、痛苦，那就是碰壁了，碰到了自己的边界。这个时候，退缩、报复的行为是缩小边界的行为，将来反而更容易碰壁；宽恕、提升，才是扩大边界的行为。

闲情之禅

爱屋及乌

关系是真理，爱是一种关系。

有人说简化字最大的原罪就是抹掉了一些汉字原有的神韵。比如说"爱"字，原本写作"愛"，居然把最重要的"心"简化成了"一"，这叫做"一笔带过"。这种搞法，就像情人节不让用粉色，所有的心形都用一根横线代替，那节日的商店一定像到处都插满了草标，就是旧社会卖货的那种插在货物里的草标，完全是功能至上的极简主义样板。

不过在这新社会，情人节来到中国，完全是商品经济在作祟，为的是促销的噱头而已，满天飞舞的心形本质上执行的就是草标的功能，所以这么一看的话，汉字的简化倒是抓住了最根本的实质，至少对这个"爱"字而言是这样。

在商品社会，爱就是一种商品，一个可以送来送去的对象，这个对象可以是一大簇玫瑰花、一盒巧克力、一枚钻石或者一只白色的狗熊，这些都是情人节所定义的国际标准，每件东西都带着一枚心形的草标。"让世界充满爱"，蜕变成了"让世界充满商品"，然后变成满世界的垃圾。最通俗的一句歌词，"把我全部的爱交给你"，就表达了商品社会对于爱的全部理解，所有的爱都必须用四个选项的排列组合来表达，用购买的形式赠与，用消费的形式接收，在我和你之间完成了一次爱的交换，就是为这商品社会完成了一次购买与消费的交易。

在我和你之间，爱是一个名词，那么爱就可以度量，可以赊欠，可以存储，可以贩卖，跟其他任何一种物品没什么区别，也跟其他任何物品一样生不带来死不带去，所谓拥有只是假象。

认识爱，如同认识真理。人们素来追寻真理，不论踏上漫漫征程还是挖掘自家宝藏，都以为真理是某个宝物，是一个名词。正所谓条条大路通罗马，各个门派都认为自己拥有通往真理的道路，互相不服气，认定只有唯一的、客观的真理，接着就攀比和辩论起来；男人聚在一起互相比钱财，女人聚在一起互相比幸福，情形也大抵如此。

存在主义的先驱克尔凯郭尔发现，真理是没有可比性的，每个人都有对于真理的一种注解，互相之间不能取代，勉强交换的话，谁都觉着很不舒适，就像穿错了鞋。屋子里的人在聚会吵闹，门口五彩斑斓的鞋子是生活最温馨的场景，谁能想象这些鞋子都是同一个样式的解放鞋呢？所以真理一定不是客观的，爱也不是客观的，爱一定不是一个名词。

如果爱是一个动词，"我爱你（I love you）"三个字，主谓宾一目了然，就像我吃饭、我逛街那样直接。在这个表达式里，"爱"定义成了某种目的，一种分离了主体和客体的认识，正如对我来说，饭和街乃是我的某种动作的对象。"我爱你"是一个付出的动作，但同时也是一个求索的动作，如同张枣所写，"我要，我要，爱上你神的热泪"。所以，初懂爱情的人带着征服、获取的心态来对待爱情，得之我幸、不得我命，"我爱你"基本上可以翻译成为"我得到你""我拥有你"，爱情如财产，最好还能不断升值。爱到了你，就像买到了一套房。国人自古至今都很看重房子，爱屋，顺便爱房顶上的乌鸦，以至房地产事业都蒸蒸日上。

有爱的人是一个斗志昂扬的武士，有男有女地彼此征服，堂吉诃德与圣女贞德互相征战，荒唐而悲壮地纠缠千年。爱如真理，人类天然地爱慕真理，所以尼采看到，整个人类，都是在互相征服的悲壮之中，一个人面对的是除了自己之外的整个世界，爱是我的长矛，真理是我的铁蹄，每个人的宇宙都是绝望而孤寂。但克尔凯郭尔说，真理虽然不是完全客观的，但也不是完全主观的，一个爱的世界绝不应该是绝望而孤寂的世界。他说，当关系是真理，那么关系的双方也都包括在了真理的表述之中，也就是说，真理既是主体也是客体。

所以爱不是名词，不是动词，而是一个连词。爱是一种关系。

古时候有个词语说"搞男女关系"，其实就是两个人恋爱的意思。还有比如甲对乙说"对不起"，乙回答说"没关系"，这话就等于说"我不爱你，你也不爱我"，因此总是作为礼貌用语，用在两个陌生人之间。说起礼貌，所有的礼貌用语好像都是以陌生人为标准的，老公老婆互相见面就肯定不能说"你好"。中国人形容夫妻恩爱的词"相敬如宾"实在是一句骂人的话，两个人像对待陌生人一样互相甩礼貌用语，说明他们的关系一定不好。跟"相敬如宾"一样，人们对关系的理解有很大偏差。

爱如真理，你不觉得"爱屋及乌"里的乌鸦很奇怪吗？其实"乌"说不定是三足乌呢，也就是太阳，代表永恒真理，不应该是一只讨人嫌、味道臭、说话损的乌鸦。关系是真理，主体客体才能合一，可见，那个毫不起眼的"及"字，可算是"爱屋及乌"的灵魂。世界上最合适的表达不是"我爱你"，而是"我和你，在爱的关系里（I am in love with you)"，并非静止的物体，也没有动作的完成时态。实际上，宗教和哲学的种种迹象告诉我们，爱和真理，两者可能就是一回事，任何一个追寻真理的企图，必须了解真理是追不到、抢不到的，真理是在经历之中，爱是在经历之中，因为它是一种关系，一个进程。拥有爱的人得到了屋子，经历爱的人在屋顶沐浴日光，觉得这样挺好。

无独有偶

独处必定要做的一件事必然是内省,就是检视内在、认识自己。

在电梯和地铁这些拥挤的地方,环顾四周,会发现人们都是尽量一脸的木然,目光回避着对视,而对于被迫的近距离接触,大家都感到很抱歉。智能手机出现后,以救星的姿态解救了尴尬的人类,让无处安放的目光和交流都有了归属,"小屏你好"成为新时代的标语。

但是手机却日益成为黑洞,不仅吸取了人们本来就不多的碎片时间,而且把其他用来做事的专用时间也吸收了,导致分心一族迅猛增长,连聚会也变质成了聚在一起各看各的手机。很多人于是大声疾呼,现代人沉溺手机已经成了病态。类似的话早有耳闻,比如沉溺上网是一种病态,沉溺电子游戏也是一种病态,要治,轻则断网,重则电击。所以如今一个时髦的宣示叫做"关机失联",以彰显自己仍然是不受手机控制的自由人,失联二十四小时,好比禅修,熬过常人不能经历的痛苦考验,据统计一半的人根本坚持不了三十分钟,所以挺下来的第二天肯定要登录微信、微博、豆瓣、开心,告诉所有能告诉的人。

所以这根本是逢人必得的不治之症,既然如此,那么它也就不是病,因为实际上人们沉溺的并不是机器,而是沉溺于彼此。表面上看我们不喜欢跟太多人距离过近，但其实每个人都最怕孤独。促使我们清早起来第一眼就打开手机看微信的，是想知道在沉睡的这段时间里别人说了什么做了什么，弥补相互联系的断裂区间，丢失的信息跟丢失的钱财一样实在而珍贵。

孤独可以让人焦虑、疯狂以致自杀，说明社会性是人与动物、人性与动物性的关键区别。动物按着食物可分类成食草、食肉、食腐和杂食动物，而人类在杂食之外更需要进补社会关系，就像在酒桌上吃的根本不是饭菜而是关系。在这个意义上，手机事实上是一种新颖的进食器官，使用手机联络跟使用牙齿咀嚼可能并没有多大区别，都是自然而然的事。

蚂蚁和蜜蜂据说都是社会性的动物，但那跟人类的所谓社会完全不同，整窝的蚂蚁相当于一个有决策力和适应性的生物，包括能建造错综复杂、分配合理的地下城市，也能决定什么时候跟邻窝打仗、什么时候通婚，但是，单个的蚂蚁只是一个没有自我、没有独立性的活物，它不仅不会感到孤独，而且超级没有自理能力，连一条直线都不会走。这个所谓社会性只是"群体性"的意思，是用化学讯号来调度的一群无脑大军，一只蚂蚁并不比多细胞生物身上的一个细胞高级多少。而孤独则是人类的特许，也是人类的魔咒和课题，因为人人都有一个独立的自我。人要克服孤独，其实是要超越自我。

超越自我最常见的形式就是恋爱，它也是克服彼此孤独感的利器。为了对抗孤独，我们期盼着偶然、偶遇以致成为配偶，这样的词汇美好而令人惊喜，庆幸自己无独有偶。但并不止恋爱这个狭隘的概念，跨越自我边界的一切行为和现象都可以算作超越自我，统称为缘分，不论是血缘、情缘、攀缘还是人缘，不仅抵御了孤独，而且也是一切社会关系的基础。缘起缘灭，织成了人间的大网，正如社会关系的互联网。

然而超越自我的另一个形式却是跟自己独处。有些人为了不孤独，为自己寻找回来一个玩偶，也许是一只猫一只狗，也许是一台仿真的机器人，模拟一种陪伴的感觉。然而有的人却安于自我，不需要宠物，竟也活得很惬意。他们的秘密是什么呢？

曾有僧人问百丈禅师，整天说修，怎么才能觉悟？禅师回答道："独坐大雄峰！"当你独坐在山穷水尽之处、把一切担忧暂时忘却之时，看云淡风轻心情舒畅，并没有孤独的感觉，就已经是实实在在地进入了这个境界。庄子说，融身天地之间是多么释放、多么逍遥的事情啊！实际上这也是人们自然而然的感觉，所以旅游的时候才会纷纷投向自然的无条件的怀抱。儒生们常有悲情，陈子昂"念天地之悠悠，独怆然而涕下"，屈原在江上哀鸣"举世皆浊我独清"，都是哀叹自己怀才不遇报国无门。不平则鸣，心理不平衡，所以苦累，好山好水不去欣赏，却在那里哭哭啼啼，比欧阳修之类的大家可是差得远。

独处必定要做的一件事必然是内省，就是检视内在、认识自己。人的秘密在于内在连通着整个大世界。人跟自己的相处，本质是人与在人性核心的世界融合，进而跟整个外部世界融合。跟自己的相处，也就是跟世界、跟天地万物的相处，包括跟其他所有人的相处。如果沉浸于跟万事万物、万千大众的缘分关系，那么还有什么时候会是孤独的呢？独处于是成为一个人与整个缘分关系网的直接联接，全天候都在线。儒生之"独"，把自己跟世界、跟众生隔离了开来，表面上悲悲切切，其实骨子里是精英主义的傲气；凭什么你就觉得自己高人一等、觉得自己有拯救世界的任务？这人是被虚空的荣耀所迷，又被虚空的挫折所累,用佛家的话说是执着,用时下的话说是被物化的现实遮蔽了心灵生命,以至于认为自己就等于功名利禄这些东西,却不能认识自己的本质。禅宗之"独",却是把自己跟世界、跟众生融为一体。一个是强调差别,一个是强调没有差别。

把孤独作为一扇门,在内在的深处寻找天地缘分网络的入口吧,门的另一边通往山水之间。下一次,我们一起去那里关机失联,在彼此的身边,脸上一定不再木然,目光寻找着对视,而对于近距离的接触,大家都感到很欣喜亲切。

缘木求鱼

缘木求鱼的缘，就是缘分的缘。

    都说猫有九命，活了几辈子之后的猫应该很深沉，严谨起来不苟言笑。不过猫似乎并不在乎自己这是第几世，我观察了许多年，发现不管哪一世的猫，都像第一次生命那样活着。像童话里的小猫钓鱼，乐在其中，一会儿抓蜻蜓，一会儿扑蝴蝶，萌得天真。

    猫长大了捉老鼠做营生，但不管猫还是老鼠，都是在扮演各自的天职，这件事应该纯属生计，跟情调没什么关系。按辩证法说，凡是矛盾对立的双方都是可以相互转化的，猫身上有老鼠的个性，老鼠身上有猫的基因。婚姻这件事就好像猫跟老鼠，他们之间虽然水火不容，偏偏又互相理解，像极了凡间那些一对对宿命的前世怨家。

    猫最喜欢的食物怎么会是老鼠呢？古书说，"鱼我所欲也"，猫骨子里喜欢的应该是鱼，吃鱼这件事情最可以乐在其中，并且想起自己小时候钓鱼的情景。

    猫儿长大了，鱼们也长了翅膀飞走了，而且还学会了说话。黄昏的时候他们栖息在树上，讨论一天来在城南城北各自的所见所闻。鱼我所欲也，猫总在夜落的时候悄悄追着他们的踪迹。黑色的鸟是黑鱼变的,麻雀是花鱼变的,头上戴着小帽子的松鸦是金鱼变的。猫认识他们。从这点上来说,一定是活了好几世的猫,才有这样直觉的穿透力,才能看鸟不是鸟,看鱼不是鱼。也正因如此,猫配得上禅师的称号。《当下的力量》作者埃克哈特·托利(Eckhart Tolle)说,"我跟好几任禅师相处过——他们全都是猫。"

猫儿眷恋了好几世,就为了能像鸟一样在天空里游泳。有一世他叫做庄子,给天上的飞鸟唱歌,敲着盆打着拍子。还有一世他在桥下等待跟飞鸟的约会,后者却失了约。后来他就一直有些恨水,连洗澡都怕,却又因为钓鱼的缘故一再往水边跑。朝来寒雨晚来风,人生长恨水长东,再一世里,他就成了一个诗人,离化身飞鸟只有一步之遥,可惜那一次还得兼职做皇帝,到底被这位子给拖累,重新堕入轮回。

他不气馁,在重生的每一个生命,都像第一次生命一样坚韧而有趣地活着,像千百年来一样地追求一条鱼。即便是你化作一只飞鸟,一只蝴蝶,一只老鼠,我都依然认得你,我终于要把你紧紧抓住,有头有尾地吃下去。爱你,所以吃掉你。猫捉老鼠,她在他的肩膀留下牙齿的印记;鱼的滋味,她想念他的温暖窝心,好像是吞下一碗热汤。猫和鼠在轮回里相互转化,相互追逐。缘木求鱼的缘,就是缘分的缘。老鼠是猫生在世的职责,飞鸟与鱼是爱与自由的显化。

因缘在轮回里伸展变化,一部分变成老鼠,一部分变成鱼,一部分变成鸟。鱼是约会的记号,猫儿上树去寻找前世今生。前世今生跟他捉迷藏,从树上呼啦一下全部散去,散入街头巷尾的每一个角落,留下他在树上发愣,望着前方升起的月亮若有所思。所以有时候他变成一个披着袈裟的禅师,一边敲着木鱼,咚咚,咚咚,一边思考这件事,生命到底是怎么回事呢?禅师铃木大拙有次演讲,有人问他,您天天说禅,到底什么是"禅"?他就回答说,咚咚,咚咚。

猫在树上,有人指着树上的猫,有人穿过猫的身影指向远方的月亮。而猫微微一笑,身影飞起,逐渐消失在黑暗之中。有一天鱼爬上了树,发现猫不在那里,而月亮很亮很圆。后来听众又追问禅师,你说"咚咚,咚咚"到底是什么意思?铃木大拙又回答道:咚咚,咚咚。

以鹅传鹅

任何时候都不能放弃对于理想的坚持。

世界是个大蛋,先知们都知道,而且是个大鹅下的金蛋。"鹅鹅鹅,曲项向天歌",鹅是属天的物种,也只有鹅会下金蛋。她的翅膀是金竖琴,她的声音是金嗓子,她是阿波罗(Apollo)爱不释手的至宝,当晨曦漫过来的时候,金色的光线把整个世界都镀了金。所有白衣的天使背上都有着白天鹅的翅膀,黑衣天使背上都有黑天鹅的翅膀,这些翅膀泄漏了关于世界的秘密:这是天鹅的世界。

地球是圆的,大地是悬空的蛋黄,星辰都是蛋壳上镶嵌的宝石。先知们后来又发现,这蛋壳不只一层,层层叠叠地包裹起来,层层叠叠地孵化。虽然世界存在了几千年之久,也不过只孵化了第一层,恐怕还得万万年的漫长时间才能让地上全部变成天使的世界,人人背后都背着天鹅的翅膀,先知们把那个时候叫做天堂。

蛋是神圣的信物,世界以蛋传蛋,希望人们的精神以鹅传鹅。在复活节岛上有一个每年一度的寻蛋节,过节的时候人们要冒着生命危险泅渡到旁边的小岛上取回一枚神圣的蛋。在大陆这算是孩子们的游戏项目,然而在复活节岛,却是极严肃的事情,取蛋的竞争者要把脑袋也剃成光溜溜的，涂成白色，就像蛋壳一样。因为这个孤独的小岛距离大陆几千公里，到最近的岛屿也有不短的距离，人们最渴望的就是一双翅膀。

内蒙古草原湿地的人们，若干年来，也有每年一度的寻蛋节，过节的时候，大人们叼着烟卷，提着篮子，在草丛里找来找去，把大的、小的、灰的、白的、花的，各种鸟蛋收集起来然后拿去卖钱。每年春天，鸟类迁徙路过这些地方，原本想养几个孩子，可是出门转了一圈，回来就发现窝都被人给强拆了。不过人类对人类自己都这样，小鸟那么微弱的声音又算得了什么？不出几年，长征的几十万鸟就只剩下了几万，再这样围剿的话就真成寂静的春天了。拿去卖钱还是好的，天鹅蛋比较贵，比较容易获得这样幸运的下场，而不幸运的则是变成了一盘黄里带白的炒蛋。

人们蜕变的标志之一就是不再梦想那些关于翅膀的事情。夜的天鹅湖，织女们悠然雅然在湖面舞蹈，然后褪下闪着荧光的羽衣，变成一盘盘香喷喷的烤鹅。一切都让位于经济利益，为了"改善生活"，用眼前的一时之快消耗掉了儿女们应得的乐趣，把原本可以期待的美丽、动感、活力，一口就吃掉了。这顿吃饱了，下一顿还接着饿，可是这枚蛋已经不能再生，金蛋没了蛋，只剩下金子。

王羲之大概是历史上最爱鹅的人，他曾经为了看望一只鹅专程前往鹅的主人家拜访。而这家人听说大师要来，而且特别爱鹅，一高兴，就把鹅做成了菜招待他。这件事就像是后世的李鸿章大人，英国人送他一只名犬，后来再次见面问他喜爱否？李大人说,呵呵,味道还不错！可见，同是喜爱，两种完全不同的理解。老祖宗的自然之道、生命之美已经不在现代社会的文明读本里面了，也许只有当有一天鸟蛋像神农架野人那样变成传说，像恐龙蛋那样变成稀世的珍宝，才会让那时的人们重新郑重其事地看待一枚蛋，郑重其事地等待它的孵化。

从前有个国王在林子里看到金天鹅，非常想捉住它。这位国王生活安逸，只知道享乐，不知道治理国家，所以天鹅说，你要上天堂来，才可以抓得住我；不过要上天堂，你得做善事。然后国王就满大街地学雷锋做好事。可是过了很久，仍然没有天使来接他。这一天，他又化装去帮助一个穷苦的乞丐，乞丐拒绝了他的施舍，说，我这样子都是国王不干正事。国王忽然醒悟了，然后就好好尽自己的本分，做一个负责任的人，然后他就勤于政事，让人民安居乐业，自己成了一个好国王，把天鹅的事情也就忘了。他没有上天堂，不过，金天鹅却降落到了他的国土。

喜闻乐见

不仅喜欢听你的声音,更喜欢亲自见到你。

      一般人总是闻过则怒,朋友之间还给点面子不便发作,要是夫妻之间,挑毛病提建议的人总得讲点技巧,不然就连鸡毛蒜皮也能爆发出来很大的能量。当然也有这样的情形:你说我这里好那里好,我欣喜地听;你说我这里不好那里不好,我也欣喜地听,因为我拿你当作我自己的延伸,你的存在让我多了一双眼睛、多了一个头脑,所以我怎能放过你的任何言语呢,就算一开始不高兴,那也只是一秒钟的条件反射而已。

      喜闻乐见——听见你的话,心里欢喜,不但不抵触,还要多多益善,因为我乐于借你的眼睛,更清楚地看到我自己。

      这也太理想主义了,但生活又怎么能失去理想?理想的夫妻会说:我们之间不需要讲面子和服从,因为我们早已深入对方的灵魂,外面的东西已经不再阻隔我们。如果两个人的成长必须同步,及时的分享和提携必不可少。基督教让妻子顺服丈夫,我总觉得并不是完整的说法。确切说只在方式上采取顺服的表达方式,而在实质上是平等的;不在权力上平等,而是尊重双方在人性里的平等,在爱和成长里的平等。

当然，还有这样的喜闻乐见——喜欢天天听你的电话，更是乐于见到你的真人。这是热恋时的状态。一样的两个人，为什么结婚之后就发生么多矛盾争执，把过去的喜闻乐见都弄丢了呢？

　　热恋中的人是跳出自我的，我的心在你那里，而你的心在我这里，互换了位置；理想的夫妻也应该跳出自我，两个人心都在同一个生命整体，共同的"大我"。这个词在当下已经不再陌生，不再让人觉得太遥远。如果关系不理想，或是因为对超越自我的大我还没有足够的觉悟吧——"少见多怪"，在同一个屋檐下生活之前，这个词意味着，见面越少，互相之间的责怪也就越多，因为任何形式的沟通都比不上面对面在一起的立体接触；在同一个屋檐下生活之后，这个词意味着，见地越浅，互相之间的责怪也就越多。人总会受到自己见地的限制，如果你和TA能互相用加法，一加一的效果一定大于二。

　　我的是我的，你的也是我的，我们每个人都有双份。共同的所见所闻，带给我们共同的所喜所乐，共同的成长丰富。这大概是能够推动两个人一直避免简单的责怪，也避免互相审美疲劳的好方子吧。

　　人的觉识、见地提高，有三种意象。

　　第一种是镜子，就是把人生经历的种种当作认识自己的镜子，世界上没有偶然，没有巧合，都是有意义的经历，所以要从中寻求。这是很多人踏上寻真之路的首要方式。张德芬《遇见未知的自己》说，亲爱的，外面没有别人，都是自己的投射。这话的意思，是让人善于从所遇到的事情上看到自己的某个侧面，当作一面面大大小小的镜子。沁兰《禅悟女人花》说得好，"人不可能一辈子不面对自己"。敢于面对自己，是觉识提高、医治痼疾的开始，是走出历史的漩涡，积极地解决问题和开创新局面的开始。但是镜子的缺点是距离太近，只看到自己看不到四周,难道走来走去都是在自我中活着?

第二种是窗户,就是从别人那里寻找光亮,包括古往今来的哲学与宗教启示。于是这人广泛阅读,把自己沉浸在广袤的天地里,用不同的视角认识世界。但窗户也有不足之处,就是窗户外面只是一片景观,要收入内心才能化为自己的内在,就像相机的镜头捕捉了光线。

第三种是灯笼,就是点燃自己的内在之光,走到哪里亮到哪里,灯笼照到从前不曾看到的地方,从熟悉的地方看到新奇的意义,这是一种主动而有趣的经历。内在世界与外在世界相互映射,心灵成长与物质生活齐头并进。禅艺春秋,就是这样的灯笼。

唇齿相依

齿轮碰撞出思想的火花,开动合力前进的引擎。

形容两人关系好,说是唇齿相依。那么,谁是嘴唇、谁是牙齿呢?按着男主外、女主内的原则,男人是唇,女人是齿;按着形象和功用来说,好像反过来更准确一些。

从符号上说,唇代表交通,齿代表契合,这两个条件必须满足,才可以说唇齿相依的好。交通就是说话、沟通的意思,所以"反唇相讥"表示抗辩,"驴唇不对马嘴"表示话不投机,"唇"字在这里都是类似的意思。

相依的两个人,首先要是知己。"知己"这个词本身很奇怪,本来,"认识自己",这是你自己的事情,怎么能依赖别人去做呢?真正的知己,是既要认识自己,也要帮助对方认识 TA 自己。也就是说,彼此当对方首先是 TA 自己,而不是"我"的先生、"我"的太太、"我"的情人,通过自己来定义对方。婚姻里有多少人没有试图改变对方的呢?磨合的过程之所以艰难,怪就怪在企图要互相改变对方。实际上人只有自己改变自己,你不能把对方改造成自己心目中的样子;而要改变自己,别人没法代劳,再多的努力也是外在的。

双方尊重各自的独立思想、独立人格，是真正的自由，但是同时又是真正的亲近，因为这种关系穿透外在的个性阻隔，直达彼此的灵魂。共同的进步，像前文所说"共同的自我"一样，不是表面上做一样的事情、读一样的书，而是在认识上知己知彼，互相都多一双眼睛、多一个头脑，作为一个真正的合体——《圣经》上说得好，"不再是两个人，乃是一体的了"。经文所说的"一体"是指灵性方面，不是指身体的交媾或者一纸文书的契约。

　　为了一体的目的，时常能够交通该多么好！假如有这么一天，我们下班之后不再陪领导、陪客户，也不再守着电视和电脑度日，而是理所当然地陪家人、陪孩子，互相倾听对方的思想、情绪、感想、追求，把餐桌上的家庭时间都当作共同分享、理解、倾听、成长的时间，我相信民众的幸福感一定大幅度提升。照旧，这个说法仍然太理想主义了，但我实在说，还真的有家庭在这样做。

　　家庭时间，鼓励大家平等、敞开地交通。我们过去讲究"夫唱妇随"，这种强求的一致其实没有原则，也没有尊重女人的独立和自由。有了开放的心态，才不会因为面子问题，然后转移到态度问题，然后就演出开始了，然后就只顾争辩谁对谁错，最后满足于一方的妥协和道歉，而一开始的话题全都忘了，再说起来也没有了兴趣。

　　妥协就好了吗？这时，"齿"字该出场了——从原理上分析，两个人的思考不能刻意完全一致，因为那样是静止的，也实在有点无趣。有了不同、有了对照，彼此的思想才会有明辨的火花，才会活跃丰富。当然，好的夫妻会讲方式方法，哪怕一方说的不怎么对，另一方当时也不一定马上指出来，而是暂且按他说的去做，过后再指出，你这样有点不妥，听我说，一二三，说完如果你觉得有道理，那么下次改正。

这样，既避免了面子问题，让对方容易听进去，又在孩子面前保持了一致的姿态，对孩子树立清晰可靠的观念和判断很有好处。

"齿"字一直当做牙齿来讲。牙齿互相契合，是夫妻配搭的好比喻；但"齿"字更好的意象应该说是齿轮——齿轮之间互相咬合是动态的契合，他们同步前进，而且有碰撞、有火花，既然不需要无谓的争执，也就不用互相妥协什么，不会脆弱地担心伤害感情。建设性的碰撞胜过内耗的纠纷，更何况齿轮是互相离不开的，两个齿轮在一起，组成一台发动机，成为主动推进人生的动力之源。唇齿相依的下一步，正是相依为命。

聊胜于无

网上聊天其实不是虚无的事情,它也是一种真实的实在。

　　网络是虚拟的,这是普遍的共识。但是,什么是虚拟、什么才是真实的呢?如果你也自问过这个问题,那么恭喜你,你就是三楼楼长,或者是像笔者一样自学成才的哲学家。其实,精神病人经常就分不清虚拟和现实,比如受迫害妄想狂总是觉得有人要迫害他,任何一点风吹草动都可能隐藏着杀机。沉溺网络的虚拟世界里不能自拔,如今也算是精神病的一种,搞不好会被电击的。

　　梦想和现实也要区别开来。聪明的人说,这世道是务实的时代,心怀理想的孩子们好可怜。好在现在的孩子们成熟得早,小小年纪就懂得了这些道理,成了聪明人,天上的小星星一个个掐灭。务实呢,拿到手的东西才是真的,其他的全是假的。

　　但是,物质不是最本质的实在,执着于这些物质的东西才是虚妄的。

　　这种话好像似曾相识。佛家说,诸法空相,一切无常。藏传佛教有个用沙子画曼荼罗城池的仪式,或者说行为艺术:僧侣们花费好几个星期的时间,用染了五彩的细沙,极其仔细地在地上画一幅恢宏而又精致的图画,然后却用几秒钟时间把这一切扫除得一干二净。另外又有白骨观的传统,让人跟一幅骷髅图对坐冥想,以此体悟人生的无常。不过这些做法看起来总觉得有那么点消极,跟笔者想说的还不是一回事,因为世界上毕竟还是有实实在在的存在。

而什么才是实在?人的成长、变化的进程就是实在,动态是实在的本质。

成长是生命的天然趋势,人一生有各种各样的进程在同时进行,有身体的、思想的、关系的、社会的,每一个时刻的自我就是这些进程在那一时刻的快照。正如建筑是凝固的音乐,如果每个进程是一个曲调,那么自我就是进程的凝聚,而这种凝聚是有机的、流动的,每一刹那都具有独特而不能重复的内涵之美。如此,每个人都有每个人独特而不能重复的内涵之美。

还不只是人呢。哲学家怀特海(Whitehead)说,一切的存有,都是进程的凝聚。这样或者那样东西,本身并不具有绝对的、普遍的价值,当它们作为我们生命进程的一些附属物被赋予了意义,它们对我们才具有了价值。而如果以这些东西本身作为考察的主体,比如,一幅流传已久的古画,那么我们发现,我们自己才是作为它的生命进程中的附属物而存在,它可能被许多人"拥有"过,甚至为了抢夺而互相谋害过,它也可能被某些人带入墓穴,而后被另外一些人又挖了出来。

一切都在流动,都在变迁。连"我"都不是一成不变的,我的"拥有"则更是无常,我不能用无常的物质拥有来定义我自己的存在,那样做就是给自己的存在施了一个定身法,在静止的一刹那堕入无常。

回头再看虚拟的网络,它其实是现实的一部分,并不比现实更加虚拟。网络可以服务于自我的成长进程,与网络之外的一切其他进程互为一体。也就是说,我和你在网络之外就有一些共同的事情、共同的追求、共同的话题，那么网络上的聊天、邮件、发帖回帖讨论之类都是实实在在的、我们生命进程的附属物，是有意义和价值的。我们认认真真地聊天说话，胜过网络之外在逢年过节时互相赠送一些礼品。

　　这可不是网恋。网恋的感觉好比是云中漫步，脚下是虚的，不信你看，网恋的人对礼物都很看重，然而礼物是静止的，因而是无常的。真正的聊天，是有意义的交流沟通，是看得见的个人进步，比任何有形的礼物都更加令人欢喜，而脚下的感觉可是实实在在。

幸福其实就在你的手中
若是去抓住的反而不是你的幸福
它终究是要离你而去

守株待兔

它来，或者不来，你都安守着自己，安然自若。

假如把"性福"跟"幸福"联系起来，该算是有些偏狭的理解。但是也有这样的道理：女人对于自身性高潮的体验，使得她对于幸福的理解早早地就比较深刻。跟性高潮一样，幸福不是靠着努力追求就可以得到的，越用心在这件事情上，它离开得反而更远。相比之下，男生可以很容易就因为自身生理机制的差异而耽误了对幸福的思索。

人们常常用来自勉的"追逐梦想""追求幸福"这类的话实质上没有什么道理。追过兔子的人都知道，越忙越追不上，最多抓一把兔毛在手里，还不如抓不着。但如果你待着不动，它反而会一头撞进你的怀里。所以女人天生善于等待，等着幸福、爱情、机遇、财运等这些各式各样的兔子撞上门来。

于是一些畅销书就宣传说，你知道一个"秘密"吗？幸福是吸引来的。本来吸引力并不奇怪，男人们对自己投以艳羡的目光，不都是凭着吸引来的吗？但能够吸引幸福、成功和健康，倒是新鲜事。小女生的内心深处都有一个小巫婆，这样的话听来尤其顺耳，加上自己的观察体验，自然立刻就对吸引力法则深信不疑。不光是幸福，其他的那些兔子也都一样，会被你内心的魔笛诱惑进自己的小屋。根据畅销书的指示去做，比如二十一天心想事成的计划，幸福就会像孵小鸡一样孵化出来了。

可是你仔细一想，这种貌似被动的吸引力法则，其实是换了一种形式的追逐，同样地处心积虑。我一贯坚持，针锋相对的东西在根本上是同质的，犹如爱与恨一样可以很容易摇身一变互换角色。

禅者说你必须放下求道之心，连"得道"这件事情都不去考虑，才会发现道在自身。这句话翻译成通俗用语就是，不该以某种通用标准、某个具体目标来衡量自己的幸福程度，不该执着于怎样才能更加幸福这个问题，总而言之别太当回事儿。这话出自心理学家弗兰克尔（Viktor Frankl），他说，别瞄准幸福，你瞄得越准，靶子偏得越厉害。幸福是一种副效应，是人采取放下、无心姿态之后的自然结果。类似的话好像尼采也说过，他说快乐就是一种症候，是人格内在力量的一种附带效应。

畅销书也说到"臣服"的问题，做同样的理解也是对的，也就是"放下"，但进一步把"臣服"当作一种手段来使用，以达到自己的某种目的就陷入一种自欺。放下并不是放弃，因为"放弃"本身是"追逐"的反义词，所以应该一块都略过，不再在这样的语境里说话。"放下"的姿态就是自然而然的姿态。它来，或者不来，你都安守着自己，安然自若。因为守在树根那里的就是兔子自己哦。

铁石心肠

因为有爱,所以踏踏实实。

感情好,好到一说话就唾沫星子满天飞,甚至互相往脸上吐口水,叫做"相濡以沫",这个词也的确符合很多恩爱夫妻的常态。但是幸福是不是只有这样温情绵绵的一种方式呢?

有的人说,那还不是终极,哪里有像我们这样好到一个程度,像佛祖前面的灯芯,拧在一起,生生世世难以分开,分开也要定找到彼此;我们甚至不像寻常夫妻还要分什么彼此,我们根本就是一体,一盏灯,一枚火焰。古代也曾经有个叫元朝夫人的写了个小曲,说的是泥塑的你、泥塑的我,打碎调和之后,你侬我侬地不分彼此,好像是同一个意思,也算是无法再超越的经典了。

不分彼此,这个词是不错,像前文里说过的那样,同一个引擎里的两个齿轮,互相啮合,一起输出动力;我们没有丧失彼此的独立性和独特性,但强调的是配合与协力。相逢在这需要亲手建造的时代,我们一拍即合,钢铁的轮齿不断撞击,不断迸溅出思想与创意的火花。又像两块反复碰撞而把火种带给人间的燧石,如普罗米修斯的左手与右手,承担着点亮整个未来的使命。引擎也不只是两个齿轮,越精妙的架构越需要更多的参与，这是超越了情感层次的。

也就是说我们这把年纪，不可拘泥于在心思里调和不分，或在肉体里如胶似漆，而应该把"不分"的层次上升到生命的永恒方面。有人理解说，那这就是灵修的意思了吧，我们是永恒的灵魂，回去还继续做灯芯。但实际上，人并没有独立于肉身之外的灵魂，我们的永恒性是在更大的生命范畴里说话，就在这个娑婆世界，只是不再有你我，连你我的合体也不再有。

在这些名相消逝之后有些东西还是继续的，我们所造就的因缘际会仍然存在，用现代性的话语说，我们所参与和启动的各种进程仍然在继续，所有的这些进程就是广义的生命，我们把爱、美、真、生赋予这些进程，而不是像有些人以线性思维所幻想的那样告别娑婆，去另外某个宇宙做一根灯芯。

谁没有心？只是我们的心是铁、是石，电光石火地灵机不断，而不是一团浆糊。火花是刹那间就消逝的，但这一个刹那就可能是悟入的刹那，这一个火花就可能是开创出一大片事业的灵感。说让人"放心"的时候，放的也就是这块石头。所以不在心思情感里焦虑，距离与时间也没关系，我们是王八吃秤砣铁了心，心里一块石头落了地，怎么着都是踏踏实实。

别开生面

区别对于生命的追求和对于面子的追求。

谈论"美""好"乃是在生命的基础上说话,生命的消逝没有什么美好可言,可是偏偏有大批的人拼命鼓吹死的美好。这个诗人自杀了,那个作家自杀了,本来是悲伤的事,在一些人看来则是天鹅的绝唱,是用生命的终结来写下宏伟篇章的最后一笔,是奋身一跃跳入火炉而铸造了干将莫邪之剑。国人素来重视物质超过重视生命,像从前一直宣传,某某某为了保护公社的庄稼、骡马、大粪、电视地面卫星接收站之类,付出生命云云。如今不提这种"弱智"的事了,却不过是因为"公社"已经过时,而对物质的重视则是变本加厉,近年发生了多少一味敛财而视人命为草芥的事,大家有目共睹。

那些歌颂绝唱的人看得到死的凄美,却没看到凄美的作者是生命而不是死亡本身。艺术是什么?人说一个作品完成之后,它就有了自己的生命,雕塑如是,小说如是,油画如是,摄影如是,艺术家的生命嬗变为作品的生命而延续下去。艺术创作犹如怀孕生子,而那些自杀的作者,在分娩的一刹那自戕,作品的脐带都没有剪掉,那生命永远连接着死亡,终归是不健康的东西。

生命是自然的内在趋势，人是生命的最高形式，而人的天性里却对死有着奇怪的趋向。打开网站，朱棣杀宫女、张献忠屠蜀、西方人猎巫、博卡萨吃人等惨烈历史的各种细节被无数人转载和细细阅读。人类是唯一一种从杀戮中可以获得满足感的东西吧。我不认为这是动物的天性，动物的杀戮是出于饥饿，无关享乐。

如果生和死是光谱的两个极端，那么中间存在着各种程度的死的味道。广义的死就是"缺乏生命"。世界是在生命里成长的，生命美好，这是自然而然的事。生命是什么？生命是秩序与自由。一层套一层精巧的秩序，从分子到肢体，从个人到群体，各个层次都有条不紊。缺乏生命的追求，就是死亡的加速。一个社会的衰败，因着这种加速运动而触目惊心。有些艺术家虽然不自杀，活得还很结实，但作品却有种死气，而比如像王家卫苍凉的《东邪西毒》里看到的反而是生气。

什么是"死"？违背生命、阻碍生命的事情就是倾向于"死"的。论断人，就是这样一种事情。"盖棺定论"说的正是在人死了以后才给一个总的论断。论断、定罪，使人虚妄，遮蔽生命。《圣经·马太福音》写道："你们不要论断人，免得你们被论断。因为你们怎样论断人，也必怎样被论断。"高低贵贱，全是论断。真正懂得审美的人生不能只是追求面上的荣光，生命本身的丰富才是硬道理。我们的面子文化，就是让人活在彼此的论断之中，不管人言可畏、众口铄金，还是光宗耀祖、交口称赞，一言以蔽之，都是以别人口中的论断作为最实在的东西，并且用以决定自己的存在价值，把虚妄的"面子"当作最真实，为此处心积虑，以致丧失了享受生活的乐趣，如此，真是不聪明。

那么，反其道而行之，便是顺应生命的事情了——于己，注重自我价值；于人，尊重生命本身。这样，人才是活在人性本身，而不是被一大堆彼此矛盾的祖传规条所重重包裹。"别开生面",对于生命成长本身的追求,以及跟阻碍自己的面子的追求,必须区别开来。

见好就收

收藏癖的反省。

见到心仪的好东西,就收为己有,这是收藏家做的事。以前上学的时候,有朋友在网上卖钱币、邮票、粮票之类的各种收藏品以赚取学费和生活开支,童叟无欺,口碑甚好。几枚硬币赚不了多少钱,但买的人多,经济效益也就很不错了。这说明喜好收藏的人是不少的,不论中西。

我承认我也有一定程度的收藏癖。从小到大,我曾经收藏过的东西零零碎碎的,多数不值钱,比如河滩的几块黑色的卵石,老家抽屉翻出来的几枚铜钱,以及几张残存的字画。说是"曾经",是因为不少东西珍藏一段时间以后也就不见了,或者清理掉了。

只是这什么算"好"并无定规,只能是萝卜青菜各有所爱了。新闻里不止一次报道过这样的事,某某独居的老人,每次出门总要捡一些路边看到的破铜烂铁回来,放在自己的屋子里,久而久之,家里堆成了垃圾山,邻居们怨声载道,然而老人却天天很安心地跟这些恶臭的垃圾为伍。有个极端的例子,一个老人看守的垃圾山,竟然清理出来有十几吨重。这样的人中外都有,不能想当然地怪中国以前太穷。

问题的切入点在于：垃圾对于他的意义是什么？最后是什么使得他愿意放弃垃圾的？

别人视金钱如粪土，我视粪土如金钱，有什么区别？我相信，不论有钱没钱的人，其实都不满足于拥有财富本身。对于这些老人来说，别人的垃圾是他心目中的财富，有了这些就有了安全感，有了精神寄托。这些垃圾他当然是一辈子都用不完的，但是另一方面，金钱对于富人来说往往也是一辈子都用不完，可他们还是要使劲攒，并且为此而执着，仿佛除了继续积攒，已经不大会做别的事情了。可见人们的行为惯性相当之大，养成习惯之后，就按着见好就收的惯性思维一路做下去了。

与此同时，又有一些东西是丢失的好，却又无人收藏。有本小说叫做《失物之书》，讲述一个男孩迷失在了一个世界，那里有丢失的玩具、丢失的母爱和丢失的梦想，有丢失的童年和丢失的故事。丢失的一切都是珍贵的宝物，睡前故事的主角们在树林里永远地活着，等待失主，他们很孤独。

你失去了恋，他失去了什么？不妨建一个失恋博物馆，一个情感的弃婴岛，把情感收藏起来。大家都没有得到，丢失的请寄放在这里。或者在失恋的第二天，或者在失恋的第一百六十三天，你来。请在夜色朦胧时造访失恋博物馆，寄存一个过去，卸下包袱的人可以从此走出小屋，让情感的弃婴有一个属于自己的归属。

收藏起来的东西可以触摸，失落的东西却依然远离，你摸到的或许只是失落本身。每多过一天，就有多一样东西已悄然滑入失落的世界。失恋博物馆，把世界收藏起来。齐秦在《空白》里唱，"我不知什么是爱，往往是心中的空白"，曾深以为然，但是多年以后才感触，心无所失，所失落的只是执着。

在小说里，等到男孩跟丢失的东西终于重逢的时候，他们互相都感到失望：男孩已经长大了，他要一些别的东西，而那些灰姑娘、白雪公主、小矮人，他们跟小时候的印象已经很不相同，互相觉得有点陌生了。

无所失的话也就无所得，"以无所得故，心无挂碍，无有恐怖，远离颠倒梦想"，《心经》说，失恋博物馆收藏的乃是执着。纸片、车票和玩具熊都可以放手了，它们的价值越珍贵，越证明一个人不能宽恕自己，虽然执着着眼前的东西，却同时把是自己的一片生命、一些心跳置换了。把东西送给情感弃婴岛，把心跳赎回来，归还自己；停止让世界继续陷入失落，留给今天和明天的你。好梦，晚安。

谐趣之禅

望尘莫及

佛家云一尘三昧,红尘里的生活其实就是修行本身。

  和尚道士们都喜欢拿一种叫作"拂尘"的东西,顾名思义超脱尘世,一抬一挥之间神圣庄严,又像哈里·波特的魔杖一般仿佛有魔力。自从被某个皇帝看上,拂尘又成了宫女太监们手中的道具。除了这些场合,寻常百姓家里不大有,我印象中就不记得用过拂尘,家里用的都是鸡毛掸子,虽然功能差不多,但看起来总不如拂尘显得高大上。
  拂尘被选择作为法器,当然主要因为它的名字。宗教都教人解脱红尘,世上烦恼千千万,都当作灰尘对待一扫了之,跟剃发同样道理。丘处机曾经作诗:"拂拂拂,拂尽心头无一物。"到了扫除干净的地步,就是法师、神仙、皇帝的档次了,如果耶稣有幸生在中国的话,那么手里也应该少不了拿着一柄拂尘。人既然是泥土所造,经年的劳损当然是变成一层层的尘埃,修道的人每每看到镜子上的飞灰,就不禁联想到这些尘埃对人心的蒙蔽,让人不能心明眼亮。他们说心是明镜,要"时时勤拂拭,莫使惹尘埃"。
  既然红尘如此羁绊,那么红拂当然是最自由的了。事实上王小波曾告诉我们,唐朝那个叫红拂的仕女,正是中国的自由女神,她跟李靖午夜狂奔，非但没有被人当作伤风败俗，反而成了传代的佳话。而一说起红尘，人们就说滚滚，还说"红尘多可笑、世事最无聊"之类的恶毒话。可怜的红尘和世事被人嘲弄了千百年，至今都没有地方说理。红尘是中国的灶神星，红拂在外面疯疯癫癫的时候，她却每天处理家务琐事，兢兢业业，连家门都不迈出去一步，也不跟那个傻妹妹计较。

自从山顶洞人在洞穴里围着红红的炉火坐成一圈，红尘就是人们所围绕的中心。红拂从洞口外面来，人们转头望去，看到一个逆光的侠影，而外面明亮的日光之下竟是怎样的一个世界？红拂是天上洒脱的流云、飞天的衣带、霞光女神的眼眉。红尘是人间烟火，红拂不懂也不关心，她乐得在天上坐着太阳神的战车瞎跑，手里拿着长号，冷不丁在谁的耳边吹一下。她说，你们快跟我来吧，好山好水好风光，别总这样足不出户地狭隘一生。听到她的号角的人，有的变成了诗人，有的变成了哲学家，有的变成了和尚，有的变成了道士，还有的人变成了柏拉图。

所谓世事就是红尘肩上巨大的磨盘，那些站到磨盘上面去的人越来越多，而下面红尘肩上的担子也越来越重。上面的宗教家们互相开起了讨论会，为了衣服的褶子和胡须的长短而喋喋不休地辩论，并且分了一派又一派，所有这些都是因为他们害怕一不小心就又滑落下去，重新回到红尘那里，所以提高警惕，只在圈子里面打转，终于怎么看也看不到红尘的影子，"望尘莫及"，这才放心。

红尘扛着磨盘夜以继日地旋转，隆隆的声音弥散四方，化作车轮的旋转、钟表的旋转、作息的旋转，一年四季生老病死的旋转。但是可别小看她的样子，红尘也是一位女神。其实，红拂是当初的红尘，红尘是后来的红拂。其实，"拂尘"就是"浮沉"，是分也分不开的一枚硬币的两面。眼里只看到红拂的人经常是浮夸的,眼里只看到红尘的人又太沉重。佛法有云,"一尘三昧,拂尘相依"。那么,人生从尘影里升起,又安然从拂晓的光里凝结,便是一种完整的祝福。曾有僧人问云门法师,这"一尘三昧"到底什么意思?云门当时就化身成了灶神星,他回答说:"钵里饭,桶里水。"再要追问的话,那么就是说,生活本身跟修行并无二致,眼里看尘埃不是尘埃,又有什么好嫌弃红尘的呢。

同修说"贴地飞行"的状态最好,随时不远离生活,又时刻略高于生活,既是身在红尘,又体验了红拂的味道。这么说来,家家用的鸡毛掸子,似乎又正是"贴地飞行"的譬喻呢,还不去看看捡起来带在身上。

金无足赤

千金丫头可不能打赤脚，该逼婚的时候就得逼婚。

黄花闺女之所以黄，是形容其值钱：在爹娘眼里，一个闺女可以置换成同等重量的黄金，也因此又称千金小姐。结婚的聘礼才多少钱嘛？任他几十万，恐怕也是亏了。但是闺女一旦嫁了人，按传统的观念，就变成了贱内、糟糠、拙荆、大妈，各种丑陋。出于保值的考虑，千金应该是长期持有方为上策，但是投资家们却偏偏自相矛盾，小姐到了年龄不去相亲，父母一定着急得吃不下睡不好，恨不得早日把小姐变成不值钱的大妈。好多人的婚都是被她妈逼出来的，并且在结婚的时候，以聘礼的形式一次性买断差价，让某个被忽悠进来接盘的无知少年从此终生套牢。

婚姻这件事，自古以来一直是个投资圈套，掀起小姐那金灿灿的盖头，只是一个结婚之前被常年圈养、结婚之后变成常年圈套的无知少女，可怜又可恨的天下父母心，不遗余力，把无知的少男少女变成跟自己一样的大叔大妈。如果说婚姻如鞋冷暖自知，那么不婚的闺女就是不穿鞋、打赤足的保值品。然而古训说"金无足赤"，千金小姐绝不能打赤脚。现代人虽然表面上不再像古人那样缠足，但实质上手里攥着写着"婚姻"的长布条,跟在撒丫子乱跑的赤脚丫头背后,追得一点都不放松。就像天足被布条捆成浸血变形的活体木乃伊,天性也被婚姻的布条捆成类似的一团半死不活,要不怎么会有人说婚姻就是一座坟墓呢?

从前有一首好听的校园民谣《赤足走在田埂上》,唱的是对童年无拘无束的纯真生活的怀恋,歌词里有稻草的光芒、青蛙的鸣叫、成串的笑语,完全一派自然的箫声,而如此与天地合一的童真,用赤足的形容最是贴切。日本有一副传世的名画就叫《素跣图》,画的是一名女子刚刚从庙里拜完观音菩萨出来,那双赤脚昭示的似乎正是不受任何尘世规则羁绊的天然的素心。在这方面,比从来不敢面对人性本真的中国古训要开化得多。然而赤足于世能有几人?古往今来,一直打赤脚的,不是疯子就是神仙或者两者兼备,总之都不是寻常人。一般的俗人跟着潮流走,被各种款式风格质地档次的鞋子绕来绕去绕花了眼睛,根本就没有想过自己是不是真的需要穿鞋,光着脚的人是不是敢在大庭广众之下我行我素?虽然赤足最是真性情,婚姻却是穿上就脱不下的鞋子,要穿的人一定要做好思想准备。

《灰姑娘》的女主角穿上鞋子之后,所有的人都发出幸福的惊声尖叫,但另一部动画片《疯狂原始人》(Croods)里,人类有史以来第一个穿上鞋子的女孩却提出了一个尖锐的问题:这双鞋子非常非常漂亮,但是我的脚,去!哪!里!了!所以这个比喻的潜台词是:婚姻是否让你忘记了自我、忘记了天性的存在?八仙之一、走街串巷散花的蓝采和就光着大脚。他有一句有名的诗歌,"红颜三春树,流年一掷梭",青春不过只有三个春秋一般如此短暂,年华毕竟如穿梭一般稍纵即逝,请问人最重要的事情到底是什么呢?在这短暂的人生里,最重要的难道不是做一回天然的自己，融入天然的世界当中？不过他只是光着一只脚，另一只脚上居然还穿着靴子。你说他疯疯癫癫吗？他其实是一个大智者，这只光脚丫就是留给自己的自由。所以可见，灰姑娘真的不必去穿那只余下的鞋子，有一只穿在脚上就可以了，另一只偏偏喜欢打赤脚。

　　婚姻其实也不是必然的敌人，遗忘才是敌人呢。只要不遗忘自己的天性，不要忘记鞋子里面还有一双怡然自得的脚，那么就好。像刘晓庆这样穿了鞋子又脱掉，又穿又脱，反复数次最后决定打赤脚的，委实是独立自我的典范，决不肯妥协。就当婚姻是某种坟墓吧！梁祝不也是要先跳进坟墓才有解放，种子不也是要先埋进地下才能焕发生机，人不也是要新一脚踏入婚姻才能更好地实现和展示自我吗？或许整个婚姻就是一个漫长的关于人性自我提炼的仪式，赖婚姻死气沉沉的人，首先应赖自己心死，婚姻如果是座坟墓，坟墓的外表下更像是一个改变自我的炼丹炉，一切的粗糙和原始在这里得到锻炼和升华，一切的贱金属在这里嬗变为最宝贵的金子，这就是炼金术的真谛，怎能把原料扔掉只剩一个炉子呢？谁也不是生来就完美如纯金，而是在锻造中变得日益精致，婚姻正是一种锻造的方式。

　　只要坚持自我的味道就是好的，就好比穿了鞋子就不代表脚就从此消失，事实上，穿着鞋的脚也仍然是脚，正如做成任何器具的金子也仍然是金子。只要铭记自己的天性，随缘应化都不会迷失自我，保值品的价值也就不会被任何交易夺去，穿不穿鞋都不能影响。光脚的不怕穿鞋的，穿鞋也不必怕光脚，反正在未来的理想中，穿越透明的鞋的表象，放眼望去，本应全部是赤足的天下。

画蛇添足

为尘世的命运添上赤足的翅膀。

画好了蛇,当然要添两只脚,不然才不像话。其实,做好了巫毒娃娃,当然也要添几根细长的针;在墙上画了代表某人的小乌龟,当然也要添一个大大的叉叉,不然就都不像话。道理都是相近的:因为这些东西做出来,本就是为了要被诅咒。《创世纪》里上帝早就诅咒了这条叫做撒旦的蛇,让他从此用肚子走路、终生吃土。

在此之前显然蛇不是用肚子走路,他有翅膀,是位能够飞翔的天使。自从蛇犯了让全人类堕落的天大错误,他就被剥夺了翅膀,却多了两只踏在背上的脚。上帝当时还诅咒蛇说,女人的后裔要伤你的头,而你要伤他的脚跟。这件事后来交给了圣母玛利亚。她的造像总是要把这条依然叼着禁果的毒蛇踩在脚下,以象征圣母的特别纯洁。

不过上帝当时是说"女人的后裔",而不是"女人"要来伤蛇。女人的后裔,《圣经》称为"人子",自称是人子的只有一位,那就是救世主耶稣。女人代表全人类这个整体,耶稣是人子,也就是女人之子,人类历史一直在进行着耶稣与古蛇的征战,而这场战争的胜负毫无悬念。

只不过，耶稣其实并没有踩过蛇。他只是命令蛇："走开，到我后面去！"蛇就悻悻地走开了。后世的圣帕特里克（St Patrick）主教也曾依样画葫芦地命令蛇说，你们都走吧，许仙真的不在爱尔兰！所有的蛇也就悻悻离开了爱尔兰。真的要踩蛇，那可是女人的专利。

有个叫川上弘美的日本作家，有一回也踩到了蛇，那蛇就变成了人，一个自称是她妈妈的女人，然后吃在她家、住在她家，还要带她去蛇的世界。她吃了蛇做的饭，结果自己也出现了慢慢变成蛇的趋势，而后她就在夜夜的梦里跟蛇扭打纠缠，直到被夜夜积聚的洪水冲走。在人的集体潜意识里，蛇自古象征感官生活乃至各种欲望，她的这些梦代表了人性在属世方面的那无可避免的成熟与经历，印度人甚至说那是盘曲成蛇形的生命力量——昆达利尼（Kundalini）在躯体深处的苏醒。西方世界的古蛇何尝不是同样的象征？虽然少了如此的感性之美以及面对感性时的超脱，却在惊惧中念念不忘诅咒。

西方人只知诅咒邪恶，只有东方的蛇才会变成人，而且一概是白蛇青蛇那样的女人。"既然被你踩到了，也就没有办法了"，《踩蛇》里的那条蛇这样告诉川上弘美。总有一天，你会在梦里踩到一条潜伏千年的蛇，你的双脚把她幻化成了人形，然后附了你的体，跟你从此纠缠不清。谁没有梦见过蛇？弗洛伊德坏笑着说，那是男根的意思啊。天神乌拉诺斯的男根被割下来丢进大海，结果变成了感性的爱与美之神维纳斯。所以再梦到蛇的话不要吓得扭头就跑，如果踩到那就踩到了吧，照西方的说法你是圣母真传，照东方的说法你是又遇到了某种未知的自己。

所以画好了蛇，为什么不添两只脚呢？实际上它们曾经是蛇在前世的翅膀，在今生里化作你的双足。驻于尘世的双足，骨子里有翅膀的成分；超然物外的翅膀，必须以踏实的双脚的面目出现。当你踩到了蛇的后背，也就实现了某种注定的完成。

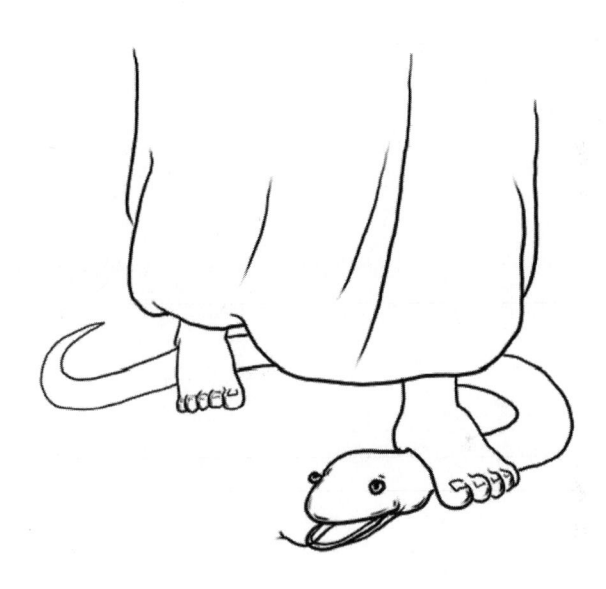

刻舟求剑

舟就是生活,剑就是智慧。

古时候有个楚国人,乘船渡江,结果船到江心,他的佩剑不小心落了水。水深流急,怎么办?只见他连忙在船舷上做了个记号,等来到岸边水浅的地方,他才按着记号的位置下水寻找,可惜怎么都找不到。这个故事叫"刻舟求剑",小学语文的标准答案是,这是比喻人固执、不知变通。

其实道理还不是这么简单。"舟"是什么?像风雨同舟、同舟共济这样的成语,人人都知道这跟乘船渡江可没什么关系,说的是面对困难的境遇,要一起顽强地活下去。是了,所谓"舟"就是"活着",坐船就是跨越人生的长河。所以"中流砥柱"是把自己磨练成当作不沉的航空母舰,活得刚强坚毅,"脚踩两只船"是同时有两个身份、过两种生活,"众人划桨开大船"则是大家一起建设好社区生活,如此等等。

至于"剑",则是"智慧"的代名词。对于武侠来说,用剑的最高境界乃是"人剑合一",方能挥洒自如。凡夫俗子其实也一样,自古以来,汉服的穿法,人人都戴着一把佩剑。因此总的来说,"刻舟求剑"的意思,就是在生活中寻找智慧之剑。这把剑丢失了,江心的人感到茫然——这说的是人到中年，古语虽说四十而不惑，实际上却面临中年危机，茫然黯然，以致忧郁，这种感觉是许多人所熟悉的，于是我们纷纷追寻。我们在船舷上刻下一个记号，这是找寻的起点，比如发现另一半的不可告人的秘密，比如在生意场上受到意外的挫折，比如忽然被自己为之奉献多年的公司抛弃。记号刻在心里，黯然神伤。

所谓智慧之剑，就是智慧知见。现代人比古代人到底聪明多少呢？两千年前的江边，过客问他："你在寻找什么？"楚人皱着眉头说，岸边灯光亮堂，好找啊！两千年后，过客也在问你："你在寻找什么？"你是如何回答的？你皱着眉头说："哦，我的快乐丢了，我不快乐。"

那你在哪里找寻呢？往往是在那些光亮的地方：人声喧闹的筵席与歌厅，灯光闪烁的街市与车流。没有错，但这是另一种欢娱。但是，你要找的那种深层的快乐不是在这里丢的，又怎么在这里找呢？忧郁的反义词，其实不是快乐，而是活力，以消耗的、娱乐的方式找不来活力，反而会丢失更多的活力，如饮海水，越喝越渴。

《圣经》上讲到，有一天，耶稣在井台小憩，说"饮我的水，永远不渴"。有女人过来问他说：我，我渴，请赐予我些活水吧！耶稣说，那叫你丈夫一起来取吧！女人说，唉，我没有丈夫。耶稣说，是的，你有过五个丈夫，而你眼下并没有丈夫，这话是不错的。

五个丈夫就是人的各样追求，人为了满足而不断追求，但都只是一时的满足，用中国话说就是"五子登科"。这虽然没有错，但人若真的想满足，还是得喝生命之河的水，那是让人永远不渴的活水。这不是指某种神奇的开过光的圣水，更不是江本胜所鼓吹的知道一切答案的正能量水，而是说，找到了生命的智慧就找到了活力的源泉。那个楚人应该当时就跳下船去，在生命之河的水中探寻，才可以寻找得到智慧的知见，而不是后来跑到岸边的灯红酒绿才找。

所以，如果有一天，你感到疲惫、感到抑郁，那么，投入生命与心灵的层面，那就是人生正确的方向。

口蜜腹剑

约翰吃了书,觉得口中甜蜜;吃下去以后,又觉得肚子发苦。

下次听到"口蜜腹剑"这个词的时候,请记住它其实是一个失传已久的褒义词——记着从刻舟求剑开始,剑就是象征智慧的符号了。那么"腹剑",肚子里有剑,是好事,用于夸赞某人满肚子都是深藏不露的智慧。宰相肚里不光能撑船,还能藏剑。

古代有则"鱼腹藏剑"的故事,讲的是有一名刺客,为了接近要行刺的目标,就假装厨子,事先把一柄短剑藏在鱼肚子里,然后端着烧鱼出来。但这个故事却跟"腹剑"无关,因为剑要藏在自己的肚子里,而不是某条鱼的肚子里。

剑怎么进到肚子里?这是个问题,日本人有个办法是直接切腹,硬生生地把智慧之剑塞进肚子里去,也许他们是误解了"急中生智"的意思。但切腹是死法,不是活法,剑在活人的肚子里才有效,才能担当剑客。当然,日本人这样去做也是因为肚子的神圣,他们认为灵魂至少有一部分是在人的腹部。中国古代神话人物"刑天",就是以乳为目、以腹为首,脑袋都不用要了,还是杀气腾腾地跟黄帝血战到底,像是日本武士道的鼻祖。现时代也有不少人相信人的灵魂在腹,所以要吃好喝好，饭就是他的神，只不过，这样敬拜下去的结果是饭桶，离剑客还差点。

跟吃饭一样，剑也是要吃进肚子里去。所幸这柄智慧的剑并不是钢铁，所以也不用担心苦练吞剑的技术：要吃的只是一些含有剑气的智慧文字，一点一点吃下去，然后在肚子里面熔炼锻造成为无形之剑，正如胸有成竹的人天天看竹子、画竹子、吃竹子、睡竹子，而后心里就全是竹子。

腹剑，正确的方式是读书，而读书的正确方式是吃。读书破万卷，不就是啃得七零八落？如果把书当成尊贵的东西来敬读，翻书前还要洗手，连个页脚都舍不得折，岂不是相当于娶了一个仙女当老婆，却放在玻璃窗里既不拥抱也不接吻，仙女自己都不会答应。

特别是那些承载智慧结晶的经书，更是需要吃进肚子里的。羌族有则神话说，关于本民族的一切都记载在一本桦皮做的经书里面，巫师总是随身带着它。可惜有一次他走累了休息，书被一只白山羊偷吃掉了，于是他把羊杀死，做成羊皮鼓，他敲着羊皮鼓跳舞的时候，经文就会脱口而出。要我来解释的话，这个故事的意思是，文字本身是死的，但是吃到肚子里去，消化了，那么就在生活中自然而然地流露而享受。

圣经末尾的启示录中说，有天使拿了一本"小经卷"给预言者约翰，不让他珍藏、不让他诵读，却让他一口口地吃下去，就好像天使给他的是一个寿司手卷或者油炸春卷。于是约翰吃了，觉得口中甜蜜；吃下去以后，又觉得肚子发苦。

读书吃书，就是以文字中的智慧为精神生命的餐饮，这个过程是要好好享受的。发现和阅读一本好书，感觉是甜蜜的。然后要准备好的是,在生活中印证、体悟、提高这些智慧,则是内心要面临一些苦楚,甚至痛苦。这个苦的过程应该算是铸剑的过程,它在点滴地成型。等到成为身体自然而然的一部分,那么日后经历生活中的很多事件就化身成了自如的舞者,说话和做事都是带有智慧的。古代头悬梁锥刺股的读书方法,不是享受而是受苦,所以到底也限于咬文嚼字的八股上面,文字通顺但为人迂腐。吃书如同神仙以花香为食,一定是优然雅然。

　　有人说好女人是一本书,读人如读书,伴侣关系的互动跟读书有相似之处。你所爱的那个人,初读时总是甜蜜,后来的生活总是无数的苦涩,但这个经历就是铸剑,在彼此的生命里铸造成就。譬如干将莫邪,用毕生的精力铸剑,把精神魂魄融入双剑而合一,其实,不正是智慧人生、智慧伴侣的最佳写照吗?

买椟还珠

追求外在，还是认识自己的内在？

还是楚人，这回他是卖珍珠的商人。怎样卖个好价钱呢？他动动脑子，觉得有了高贵的包装，那么珍珠的身份就自然会高贵起来。他找来名贵的木兰，又请来手艺高超的匠人做了一个盒子，用桂椒香料熏得香气扑鼻，然后在盒子的外面精雕细刻了花纹，还镶上金色的花边，实在是美不胜收。上市场一出手，就引来一堆围观者。有个郑人爱不释手，终于出高价将楚人的盒子买了下来。打开盒子，发现里面有一颗珍珠，就取出来交给楚人说，您将一颗珍珠忘在盒子里了，请拿回去。

这故事是讲商品不能过度包装吗？

这次我们是郑人，我们在各种信仰里面，寻求心仪的珍宝。找到了，就是要付出物质财富也要换回来。精神可嘉，可是却把最该拿的东西丢了，也就是追求了错误的东西。

你看那些富丽堂皇的教堂和庙宇，香客和信徒们一掷千金于奉献、功德、开光、信物，和尚们热衷于走台作秀声色犬马，却都不好好读经，就知道人们扔掉了多少珍珠。精致繁复的宗教仪式也好，精致超凡的素食大餐也好，形式主义的东西都是过度包装的外衣。

圣经也好，佛经也好，其中的智能才是珍珠。人们都容易被美丽的外表所迷惑——也就是说，讲解经书的人，如果谈论的却是如何赐福升官发财、如何保佑荣华富贵这些属世的话，靠这些招徕奉献的财源，那么一定会有很多的听众，大家各取所需，忙着挣钱的牧师和法师们也的确就是在做这样的生意——贩卖信仰。

只是不劳郑人买椟还珠，那盒子里原本就没有东西；就算有，往往也是假珠一颗而已。真经在哪里呢？真经像和氏璧，在外表很不起眼的一块石头里面。讲这经书的人，也要有和氏那种百折不挠的精神。曾有禅师作偈语云："我有明珠一颗，久被尘劳封锁。今朝尘尽光生，照破山河万朵。"明珠是谁？人人都是明珠。

但是且慢，首先，人人都是石头。人一生的经历就是自己的圣经与佛经，生活的过程就是讲解经书的过程，需要有百折不挠的精神，每一个历练其实都是雕琢，如此才能得见自身的明珠。为此，必须不能被盒子的雕花、香料与金边迷惑了眼睛。这些东西本身并不是罪过，但作为你我，首先要保证自己是一个识货的人。

咬文嚼字

肚腩草堂。

　　古人教导我们,读书就是把书吃到了肚子里,书读得多了就有"满腹"经纶,叫做"饱"学之士。我也爱读书,心目中最浪漫的事,莫过于一起相伴读书,书房就是我们最心仪的餐厅,不过咀嚼的是精神的食粮。来小资一把,环境布局采光要有格调,放着背景音乐。先来一点趣闻逸事、新奇观念开开胃,微信朋友圈就有不少可以配茶的小品,你说一个,我说一个。贴图算是我们的凉拌色拉,花样丰富短平快。然后作主菜的是生猛多汁的一篇主题牛排,或者一份撒着历史、人文、旅游等佐料的散文匹萨饼。有时候将就的话,来一个管饱的都市故事汉堡也行,要上好材质,酸甜咸辣各种味道都不缺,不腻味。餐后的甜点呢就随便尝一点八卦小道消息,垃圾归垃圾,但是挡不住可口。

　　不爱读长篇,正如不爱连续一个星期的三餐都吃一样的东西。有时候读起来放不下,像一根咬不断的海带,一头进了肠胃,另一头还在菜盆里,嘴里又塞不下别的东西,只好坚持一点点把它整个吞下去,撑得肚圆,口干舌燥眼睛通红。或者是用各款的蔬果肉食堆出来的一座沙盘,这样的厨师让我佩服至极。

自从进入网络时代以来,用餐多在网上进行。进了一个博客就像进了一爿面包店,酥皮蛋挞或者水果蛋糕,碰见对胃口的店铺,立刻鲜艳艳地勾起食欲。网上聊天大约相当于吃瓜子,你一颗我一颗,简单方便,还满口余香,相反微博却多是拾人牙慧,别人嚼过的东西怎么会香呢。而微信的普及,就像随时随地吃零食,所以食物倒也不能太难消化。

　　人们也都不再写信,那种实打实的白纸黑字,像手工做的烧饼一样让人怀恋。什么都是电子的,什么也都是虚拟,手工烧饼里渗透的体香无从寻觅,别致的风味少了许多。朋友圈转来转去的抄袭文章,恰如遍地清一色的快餐汉堡,缺少一种因人而异的独特精神,但是原创也就更加显得重要,作者们每一个雕花的手工馒头、江南小食、广式早点,都是全世界独一无二的、可餐的秀色。该动笔写作的时候,千万不要偷懒。

　　朋友翻译《书虫小鼠》,对该书的结尾大加褒扬:小老鼠一边在失意无奈中回到自己的角落,一边把撕下来的一页书卷一卷,吃进了肚子。人们终其一生在寻找关于意义的各种答案,末了,却只能吃掉那些催生意义的呓语,人生不过如此!而它吃下去的那页上面写着什么样的呓语呢?那上面写着:"啊我失去了一切,在孤单中品尝孤单,这都是他们的错,可我老了,老了!"多么典型的怨妇情结,我敢说,那页难吃的书一定让可怜的小鼠闹肚子。

　　我也敢说,一个快乐的人不应该到最后死的时候才决定自己这一生是快乐还是愁苦,应该是在于每一天、每一顿,有时好、有时不好,饿的人会饱、饱的人也会饿。人生就像吃饭,而且,就像禅师们说的,吃饭时,那就好好吃饭。

人面兽心

重拾人性中的自然性,像动物一样尊重自然。

法老座前的斯芬克斯(Sphinx)长着人的脸,加上狮身牛蹄鹰翅的合体。华夏文明没见过狮身人面、牛身人面这样的图腾,但是有鸟身人面,属神类,如西方之天使,都是精魄所化。伏羲女娲都是人首蛇身,汉代画像砖上的交尾造型一律如此,据说盘古、祝融这些古神也都是蛇身。这蛇是水的象形,与作为生物的蛇无关。后世变化成了美女蛇来吓人,或是受了佛教饿鬼传说的影响,已经不再是中原的古意。有人发现画像砖的角上还藏着人面鱼身的小东西,而古墓里还出土过同样形状的陶俑,从这里的上下文看应该是代表小 baby。作为镇墓用的东西,或许是祝愿转世投胎、冀望生命长存吧?

除此之外长着兽身人面的多半都是怪物,没什么好的象征,比如虎身人面,古有"天吴"和"马腹"两种神兽,都是害人精;又如马身人面,是自由不羁乃至放荡颓废的人马族(Centaur)。同样是人,搭配了不同的身体就体现了不同的含义。前几年的搞笑电影《衣冠禽兽》(The Animal),里面的男主角因为车祸的原因而更换了各种来自不同动物的器官,结果成了各种动物本能的大杂烩,管不住自己的原始冲动,不过最后关头却发挥特长当了一次英雄。

人最重要的代表物是一张脸,这张脸印在身份证上,而"不要脸"是一句骂人的话,跟"不是人"的意思差不多。但是知人知面难知心,人心叵测,可见人心并不自动就是很高尚的。反过来,猪八戒、孙悟空都是兽面人心的典型,在现实世界也不乏动物们讲情讲义的例子。前阵子还有报道,一只狗过马路被轧死了,他的同伴不离不弃,叼水给他喝。若干年前九江曾有一只义犬,有一次一群工友买了私家的狗肉做好了准备饱餐,义犬赶来,推开他们,情急之下自己吃了锅里的肉,以死告诉这些愚昧之人,肉有毒。

什么是人性,什么是兽性?当下连畜牲都不如的人并不少见,人们多时还得像飞禽走兽们学习关于做人的道理,这是够讽刺的。然而人们用兽性大发这个词来形容残暴血腥的举动时,有没有想过,人类才是世界上最残暴最血腥的物种?还有哪个物种以把同类一片片地凌迟、把手脚砍掉五官挖掉扔在粪池里、把皮剥下来做成鼓或者塞上稻草做成标本,并且以此为满足和娱乐?"兽性"这个词,实在是侮辱了兽类。

人类有别于动物的就是自己那张各自不同的脸,却因此而忽略了自己原本来自自然的心。伏羲女娲的蛇身代表水,而水是自然之母体,他们手里的规矩代表了天圆地方。Sphinx的身体则是东西南北四个星座的象形组合,特别是狮子座和宝瓶座,这同样意味着自然。兽类虽然不能言语、不能连贯地思考,但它们本能地按着尊重自然、尊重生命的自然之道活着,不以残暴为享乐,不以贪婪为标准。人性与兽性相符的地方,必然符合自然之道;人类违背自然的时候,必定是忘记了自己的兽心,并且很快就会为此付出代价。

郑人买履

婚姻如鞋,每个人都得了解和相信自己的脚。

河南人不知道怎么了,从老祖宗开始就拿河南人开涮。这回,郑人上市场买鞋,左挑右选,看到喜欢的一双,却不知道合适与否,忽然想起来,买鞋的尺码还在家里放着呢,这下可没辙了,回去算了!别人提醒说:你自己试穿一下呗。郑人说:哪里的话,量的尺码才可靠,我的脚是不可靠的。我宁可相信尺码,也不相信自己的脚。

这鞋不是走路的鞋,是婚姻。人常说婚姻如鞋,合不合适、舒不舒服,只有脚知道。

钱钟书说过的很多妙语,当中有这么一句,论及太太杨绛:遇见她之前,从来没有想过结婚;在遇见她之后,从未有过后悔或再娶。这句话堪当美满婚姻的典范,每每令人赞叹不已,真正能做到的却没有几人。当王子拿着水晶鞋到处找灰姑娘的时候,他也深信自己是能做到的。所以,在遇见她之前,这只鞋从来没有人穿上合适的;在遇见她之后,也再没有第二个可以复制成功,因为这鞋只有一只。

烧火丫头想要翻身,要么像穆桂英手下的杨排风,把烧火棍用成兵器,苦练武艺当元帅,征服千万人;要么像灰姑娘,用善良、品味、装扮等各种方式包装自己，企盼在王子的舞会上一举夺魁，只需要征服一个人。显然后者是一条捷径，各种培训指南也就层出不穷，统称女德教育。长久以来也就形成了一种固定思维：管他何德何能，男人天生就是白马王子，而女人自己从一开始就是需要王子垂青的烧火丫头，赶快拿着水晶鞋拯救她吧——女人孜孜以求的就是水晶鞋所代表的婚姻，得到了就是幸福，得不到就是像她那两个姐姐一样瞎了眼。女性主义者们怎能不为这种陈旧的观念气结？

刚刚用女性主义的《冰雪奇缘》重新定义了爱的迪士尼一转眼又推出了反女性主义的真人版《灰姑娘》，俨然是鹬蚌相争渔翁得利的架势。从它巨大的票房来看，顽固坚守王子救美观念的人还真不少，而且还要继续推销给新生代，连一些门户网站也大字标题发布了"逆袭"指南，指导女生如何一步步突破身份和命运的不利条件登上宝座，可称之为"婚姻成功学"。在这种成功学的气氛营造下，连男人也纷纷认为，婚姻是女人的头等大事，婚礼是女人的一生辉煌，婚恋就是女性主义的全部内容。

以其婚婚，使人招招，成功学最大的问题在于蛊惑人们去追求一个同样的东西，于是人人都费尽招数想要水晶鞋。婚姻如鞋，舒不舒服只有脚知道，可还记得郑人买履的故事吗？河南人说：哪里的话，量的尺码才可靠，我的脚是不可靠的；我宁可相信尺码，也不相信自己的脚。河南人不知道自己要什么样的婚姻生活，只是按着别人的尺度去量，包括社会和家庭所灌输的尺度。这些尺码只有数字上的意义，跟脚的感觉却没什么关系；那鞋是穿给别人看的，日子也是过给别人看的。

水晶鞋的婚姻实在只有看的份儿，要下地还是换一双的好，比如又时髦又抗摔打的皮鞋，或者又结实又耐用的旅游鞋，不管什么季节都能穿。女人爱鞋，诚如女人看重婚姻，出轨的女人被蔑称为"破鞋"，也许有婚姻破裂的含义在里面，到底还是把婚姻当作了女人的价值所在，婚姻不保的话连人都不是了。在这样的恫吓下，还有哪个女人敢轻言离婚？前苏联的赫鲁晓夫曾经在联合国大会上发飙，脱下鞋子气急败坏地敲演讲台；那些以离婚来要挟女人的男人，不正是一样的野蛮吗？我们反复说，婚姻不应该视为女人的价值天平和自我实现，参照杨排风的例子，还有另一种独立而精彩的活法。并不是鼓吹不婚主义，而是在这个基本的超然态度下，对婚姻进行更好地经营、取舍，让婚姻服务于自己，而不是让自己服务于婚姻。

　　人们谈论鞋子的时候往往还忽略了一样：光脚穿鞋的人还是少，绝大多数人还是要穿袜子的。袜子就是爱，不分左右脚。光脚穿鞋不舒服，同样，缺少了爱的婚姻又怎么幸福呢？在声讨鞋子不合脚的同时，人们时常忘记自己的脚也在变化，没有鞋子能做到永远珠联璧合，觉得差不多就行了。合脚的鞋子没处可买，最舒适的都是脚自己撑出来的。就当穿的是"毛坯鞋"，在穿鞋之后，由双脚在日积月累的经历中，为自己磨合成贴脚的样子。不仅鞋要合脚，脚也要合鞋，灰姑娘的鞋是好的，可全世界只有一只脚合穿。希望大家一起步入合鞋社会，而每个人都得充分了解和相信自己的脚。

　　另一方面，被鞋子袜子牢固封锁，不知是脚的宿命还是使命。假如有一天没有穿鞋的必要，那么对脚来说，光脚是否湿更好的存在？或许，我们只是习惯地认为脚需要鞋子，而那些穿来穿去很多次最后选择光脚的人，对这个问题是否更有发言权呢？

无心之过

没有个体的成长,就没有强健的社会。

最古老的"心"字,似乎不是心脏的形状,而是植物的样子。或许中国的古人不像玛雅人那么血腥,用心脏做祭奠,所以对心的形状不了解,或许是因为造字者抓住了最重要的实质:成长生发。从器官上讲,心脏是一台水泵,机器而已,不能反映人生的目的性,还不如植物的比喻来得贴切。而且这目的不是水平方向向前向外伸展,祖先们希望后人不是像藤草一样匍匐在草地上,而要像杨树一样向上看齐。

但如今社会,通常的成功者被认为是爬得高的人,对"向上看齐"的理解就是往上爬。但树是不会爬的,爬的是藤蔓,"往上爬"只是平行生活者的哲学思路。在有限的地面上,难免大家拥挤在一起,互相挤占仅有的空间,这也是大多数人的存在状态,然后互相叠加,不是我在你头上就是你在我头上。于是都纷纷仰头看着那些爬上高处的人,以为榜样,争做藤上藤、人上人。

所谓高处就是那些亭台楼阁、那些"上层建筑"。偌大的一个园子,近水楼台爬满了有先天优势的藤蔓,其他的藤蔓发现隔了一条不能逾越的河,而仅有的几座能够渡过的桥上早已拥塞不堪。春天在这里的时候，园子里到处是绿色，建筑物的表面上也全是茂盛的藤条。虽然理论上是一片生机遍地，这景象却实在是荒废之貌。走路真碰到这样一个所在，恐怕你是不敢进去的——因为没有人气，却是鬼气森森。

而冬天来的时候，藤蔓凋谢，然后新的藤蔓又要从地下重新来过，历史就这样一遍遍重复。何时能长成森林，那种屹立万年的坚强群落，春也如斯，冬也如斯，风也如斯，火也如斯？

树是独立的，个个靠着自己，好像很冷漠，但是井然有序。藤是你缠我、我缠你，亲亲热热的，整个连成一张无比纠缠、无比内耗的网，叫做关系网，有这张沉重的网摆在那里，什么事情都不容易办。树木的森林是真正生机的所在，绝不是季节性的表面繁荣。要有森林，就得以树为单位往上发展，而不是靠着藤。树是有心的，藤没有。

当头棒喝

事事都可以参悟，烦恼也就是修炼。

俗话说"打是亲，骂是爱"，不知这话是谁的发明，但流传了千百年，也算亘古智慧。多少夫妻之间、父子之间，恨铁不成钢、说理又说不通时，常常禁不住高声喝骂，乃至擀面杖迎头挥来，都是出于至爱之情。关键在于此时讲不清道理。采用当头棒喝的方式，潜台词乃是冀望挨打挨骂的人能明白，能开窍。此类喝骂，多是一个字，譬如"滚！""呸！""哼！"发自肺腑而突如其来，让听话的人忽然从自己的情绪、心理活动里出来，像阳光穿透迷雾般刺眼，豁然开朗，这一启蒙形式也就奏效了。还有打，一棒或者一拳砸下去，立时激发最真的本能式反应，让挨打的人忽然头脑发晕、斩断惯常的逻辑思维，像是龙卷风把人平地拔起到半空，逼得你清醒。哪个说的，"人类一思考，上帝就发笑"？

唐代德山宣鉴禅师常以棒打为特殊家风，世称"德山棒"——回答问话，道得也三十棒，道不得也三十棒，有时候偶然遇见就拿棒打来。又有齐名的"临济喝"，是临济义玄禅师的套路，时常没来由地大喝一声。棒喝当头来，都是禅宗"不立文字"的表现。就像蜜蜂采蜜回巢，需要跳一番舞才能告诉别的蜂,"刚才在某某方位发现有某某花"。

不过呢,肢体语言也仍旧是语言,虽然不同于一笔一划写成的文字,可那动作与发声不也是用来沟通的嘛,不用这种文字就用那种文字。所以所谓"不立文字",主要是不拘形式的意思,虽然有时催生出玄而又玄、故作玄虚的做法。临济的弟子也学他的样子喝佛骂祖,有学有样,但却往往不知道自己到底在做什么,以至临济还得告诫他们不许瞎学。

有"一指禅"的故事说,俱胝和尚,但有所问,只竖一指。本来,竖起一根指头作为关于真理的答案,指的是大道一体,万法归一。他的弟子看见了,也学着他的样子,但有所问,就竖起一个指头。俱胝问他,也照样作答,于是俱胝一刀下去,把他的手指削掉了。这样的弟子,乃是另一种形式的鹦鹉学舌罢了,可见执迷于形式是人的天然:写成文字,他拘泥于文字;变成动作,他拘泥于动作。而后俱胝又问,弟子习惯性地竖指做法,看着空荡荡的食指所在,忽然觉悟。

禅师们说来说去,本来是要启迪,这些形式都是无所谓的,打并不比不打更高明,可惜后世只懂津津乐道这些戏剧性的棒喝罢了。《金刚经》云:"一切有为法,如梦幻泡影,如露亦如电,应作如是观。"禅宗本身的那些形式,一样是可以用过就扔的形式,决不可执着其中。说回开头的话题,一家里面,棒喝跟不棒喝,都无可厚非,也不见得人人适用,只是那借助棒喝来启迪子女的家长们,首先要把自己当作禅师,知道自己在做什么,而不是依葫芦画瓢的弟子。换句话说,不是在小我里说话。相反,夫妻吵架,却都是在各自的小我里面,哪里有醍醐灌顶的效果呢?

挂一漏万

一和万的对比。

一和万这么强烈的对比,凸显了一个价值的问题。比如,为了见你一面,我宁愿迢迢万里地奔波——这是相对于空间的说话;只要守着这一朵清心莲花,我懒看四下里那些万紫千红——这是相对于持守的说话;为了挽救一个病重的亲人,我会毫不犹豫地付出万贯家产——这是相对于物质的说话。以"万"来度量的时间、空间、财富,关键时候,相对于对某"一"个人的情与爱,当事人往往选择的是后者。也正因如此,这些话才让人感动和相信。

反过来,为了人人实现当万元户的理想,宁愿规定每家只生一个孩子,其结果是对人权的直接侵犯和无数孩子在某种程度上孤独的成长环境。为了万家灯火都市辉煌的气派,顽固坚持户口制度这一道分隔城市与乡村、本地与外地的鸿沟,结果各种差距和歧视与日俱增。而有些人虽然读万卷书、行万里路,在知识方面、在经历方面虽然堆积过人,却不能过好一个简单幸福的家庭生活。

这个孰前孰后的次序问题反映的是大是大非的价值观念,含糊不得。所以俗话说,"不怕一万、就怕万一"。一和万背后的东西,并不能互相取代，但万是可数的，一是不可数的；因此万是有价的，而一是无价的。先万后一，固是本末倒置；先一后万，从来顺理成章。

于是有人选择了一，就对万视而不见。选择了信仰一位真神耶稣基督，就对世上其他的信仰、其他的哲学智能瑰宝视而不见，这样就偏颇了。一和万又不是势不两立，果真如此的话，譬如万里长城万里长、一枝红杏要出墙，其结果往往两败俱伤，如此下来世界怎么进步呢？成长靠的不是对抗，而是合一。

万水千山总是情，三毛走来走去都走不出荷西的一个身影；万与一合一的时候，处处都是一，处处的简单平凡中都可以有真爱与生命的光。曾经有个问禅题目：万法归一，一归何处？出这题的人有点玩弄文字，难道万有不就是一切，一"无"不就是所"有"？就像一体两面，从实相来看世界就是千千万万各色各异的万法，从实质来说点点滴滴背后都是指向同一个真理。禅艺春秋说了千言万语，道理也只是一个——这一点就是一和万的辩证关系。一是光，万是镜。对着一点阳光，万花筒里照得见无数缤纷变化的美丽。

五花大绑

粽子的五十度灰。

古今中外的神仙们，都爱以香气为食。屈原健在的时候，就很向往吃花的香气、喝花的露水，"朝饮木兰之坠露兮，夕餐秋菊之落英"。拜佛拜祖，总要焚香，作为最重要的供养，关于香料的选材、制作和收藏早已成为一种文化传统。西方的上帝也照例喜欢馨香的没药、桂皮、熏衣草等，但是最隆重的还不是这些植物香料，而是燃烧肉体的燔祭的香气，整只的牲畜在祭坛上烧成灰，从晚上直烧到天亮，血要洒在祭坛的四周，而香烟飞上重霄直达耶和华的鼻孔。

人们向往神仙的生活，就自己模仿起来，比如有的地方让女人平躺在餐桌上、鲜花丛中，扮演遗体，然后在身上摆满寿司和水果，周围一圈群众演员假装扮演神仙，以瞻仰遗容的方式接待这位新鲜升天的女神，并且上下其箸，享用这带着女体芬芳的献祭，日本人把这叫做"女体盛"。但燔祭用的都是年轻俊美、四肢健硕的公羊公牛，由此推论，带有围观性质的女体献祭很可能只是人自己的私心在作祟。只是中国人不爱BBQ而喜欢蒸煮，比如古人斗富，拿漂亮侍女直接洗净装盘、上屉蒸熟作为大餐。

然后再看端午节的粽子，就会发现你吃的粽子其实是穿着衣服的仕女，白米是白嫩的胴体，麻线是捆绑用的绳子。当年的人们把千千万万用黏米做的微型仕女丢到水里作为祭祀，为的是讨好河伯，希望他放屈人夫一马，或者是直接献给屈大夫也未可知，就像每到清明总有人烧纸钱、纸电视、纸房子，以示体贴入微。

捆绑是必要的，以表示这是一份精心的礼物，捆绑得越艺术、越复杂，就越是讨人欢心。不仅现在互相送礼必须要认真捆绑，在过去，抓到了敌军的重要人物特别是首领，也必定要五花大绑，才配得上身份。五花的意思一定不是把五花肉都勒出来，重点是绳子要绑成五瓣的花朵，像礼物上的大花结。现在的警察只懂得用一副分不出来贵贱的手铐，甚至只是一副拇指铐，虽然功能一样，但是少了那种艺术性、人文性，实在是遗憾。

达尔文分子一定会说这个潜意识跟原始人的捕猎有关，抓到莽牛、老虎一类凶猛彪悍的猎物，因为危险难捉而珍贵，才配得上讲究捆绑，像小兔子、小野鸡这类不值钱的东西，只需要挂在枪尖上就可以了。长此以往就形成一个公式：捆绑等于珍贵。埃及木乃伊捆得无比结实，那是王侯的贵体才能享受的待遇。捆绑又代表了彻底的征服，挣扎的粽子是不讨人喜欢的，像吊在树上的红孩儿一样令人怀疑。

送人礼物如果不用带子扎起来就显得不合适，反过来，引入了捆绑元素的高跟鞋以及晚礼服，就因此而显得高贵，而且令人垂涎。不过垂涎的人要知道此时是自己的原始审美在起作用，这种审美在去除了礼物的包装外衣之后更加给力，不然你看谁穿高跟鞋的时候还要穿着袜子，而比基尼的细线又何尝不是现代化的麻绳呢？有时候绳子又代表了捆绑者的换位思考，希望对方是一个蜘蛛女，反过来捆绑自己，这样自己对于她是珍贵而可口的礼物。比基尼还是显得潦草了点，点到为止，在有些场合就可以随心所欲地用绳子做文章了，日本人的工作无非是把这件事情做得很具体，把精致、顺服和可口这些因素全都表达出来。有段时间很卖座的电影《五十度灰》就强调了捆绑对于身份与情趣的提升效果，因此有时用来相互调情正是恰如其分，尤其是有身份的霸道总裁。

中国人含蓄，但是实惠，粽子不止于观赏，完全是可以吃下去的。粽子本身有着制服捆绑的文化意蕴，而端午节的保留节目之一就是准备好一大盘可怜的粽子，然后邀请人来欣赏自己的捆绑手艺。节目的高潮是给这些贵重的礼物松绑和宽衣，然后用牙齿和舌头跟粽子的胴体亲密接触，然后心满意足地吞噬。下回你还吃粽子么？

他山之禅

肺腑之言

尊重呼吸，尊重生命。

　　肺腑会说话。肚子就像是家里的小皇帝，隔一会儿就咕咕咕地说话，要用好吃好喝的来哄。不管你在开会还是开车，都得停下来乖乖地赶紧找饭吃，好生伺候这个爱闹的家伙。相比之下肺就深沉得多，像个轻易不开口的老爷子，但是一旦开口准有重要的话要说，不但你自己要听，旁边的人也必须把耳朵竖起来。领导每逢开口念稿子之前，总要先请肺老先生咳咳两声，大概就是这个道理。在人头拥挤的火车站飞机场，只要你听到有人咳咳咳，那就是肺老先生在讲话，周围的人哪怕再不情愿也照样会退避一旁，以示尊敬。

　　雾霾成了近来最大的话题之一，人们惊喜地发现，所有的富人、官人、达人，居然在一夜间跟平头百姓们同呼吸共命运了，肺老先生按捺不住激动，纷纷走上街头发表看法，你咳我咳地此起彼伏。但这样七嘴八舌地怎么像话呢？都给我用口罩把嘴捂上。于是，呼吸成了沉重的隐喻。

　　婴儿来到世界的第一声啼哭，就是呼吸的开始，从此它的节奏日夜不断。当呼吸结束时，人也就死了。然而呼吸不仅是肉体生存的保障，作为具有灵性的人，连人性的精神核心也跟呼吸有关。

按《圣经》里的创世纪来说，神创造了我们所知的天地万物。先长出来青草、果蔬，各从其类；又出现飞鸟、鱼类，各从其类；然后是各类走兽，各从其类。最后神说："我们要按着我们的形象，照着我们的样式造人，使他们管理海里的鱼、空中的鸟和全地……"这里给出了一个生命和意识演化的次序，从无生命到植物生命、动物生命再到人类。其他的生物都是"各从其类"，只有人例外，言外之意人和神是一类的。毕竟，人是按着神的形象造出来的，这确定了人的特殊品性——人性的核心里有神性。

而这神性在哪里存放着呢？《圣经》接着说，"神用地上的尘土塑造人，将生命的气息吹在他鼻孔里，人就成了活的"。这个过程跟女娲造人差不多，都是靠着神的一口气，人才得以成为人。那人的名字就是"亚当"，原文跟"尘土"是同一个词，也就是说人来自尘土，最终也要归于尘土。这气息就是人的灵性，凭此跟圣灵沟通。不妨说，亚当不是一个人，而是泛指整个人类，人类有来自尘土的天然肉体生命，以及来自神性的超凡灵性生命。

人的生命自从有了第一次呼吸，就具有了神圣性。禅宗说，生命只在呼吸间。这句话里潜藏的世界观是，认真于眼前的此刻、珍惜目前的拥有，亦应该警觉生命是脆弱的。另一角度也可以说，呼吸，就是生命的见证，就是神圣的见证，你怎么可以不敬呢？该尊重别人的生命、别人的气息，也该同样尊重自己的生命、自己的气息。

污染天空的，直接的可能是燃煤、燃油等技术性原因，间接的是导致全方位污染土壤、河流、海洋乃至沙漠和地下水的片面发展模式，而更根本的则是整个人群的追求取向出了差错，根本在于心。济群法师说，精神雾霾在先，文化垃圾填塞了心灵，这就是一点关键的肺腑之言。佛家看重心灵环保的工作，《维摩诘经》有云，"欲得净土，当净其心；随其心净，则佛土净"。在一定意义上说，外在环境就是我们内在精神的示现，雾霾促使我们反省自己，正如同身体的病痛促使我们改变生活方式。

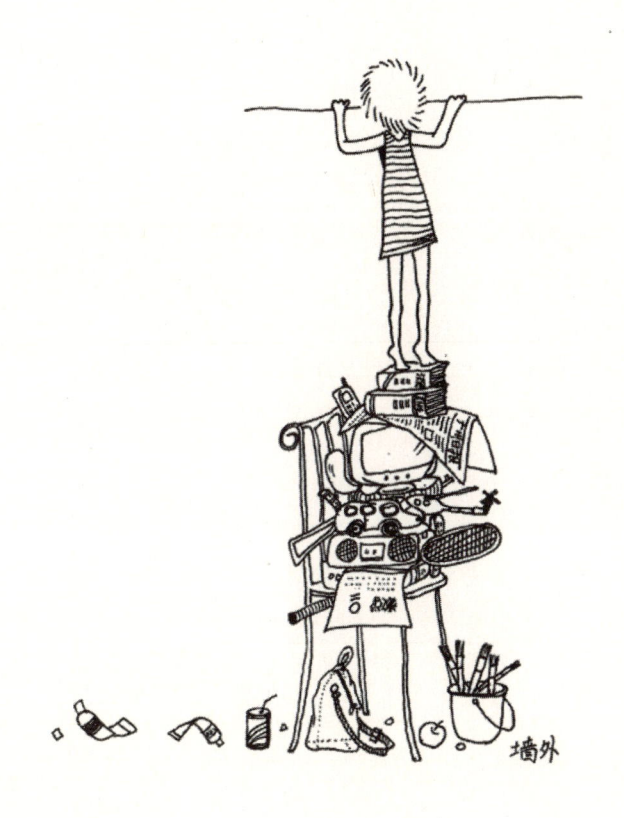

墙外

一门心思

乐土必须就在这里,你一个人的新东方。

国外有个谚语叫做"围栏另一边的草更绿",讲的是人的围城心理,凡是圈起来的、得不到的就是更好的。假如围栏外面还有围栏的话,那也一定是另一边的更更绿,以此类推,直到终于有一天发现一道无法跨越的围栏。这个终极围栏往往是一道门,你看不见门背后到底是什么,但是也挑逗起了你的终极的信念——不管是什么,都比我在这边跨过的各种围栏都要好,那边一定是我们心中最绿、最绿的理想乐土。

神秘的门矗立在我们的生命里,它的存在仿佛是为了阻挡行人,比如冰冷的铁闸门阻挡你进入一个店铺,紧闭的城门阻挡你进入一座城池,打不开的心门阻挡你追求某人,还有要签证才能通过国门。但是,实际上,门的目的在于召唤,越是难以跨越的门就越是值得跨越,像鲤鱼一旦跳过了门就不再是鱼而成了龙。门的另外一边,无一例外,都是梦寐以求的所在,看得到门的人到底是幸运的,更多的人只是在雾霾中徘徊,目光只及三寸远。想看到理想?可怜连"门"都没有。

幸福在哪里?幸福就在门背后。《圣经》记载,门的另一边是永远的天国乐土,是处处生长着茂盛的生命之树的新伊甸。耶稣在这门口岿然屹立，他说：此树是我栽，此路是我开！要打此处过，除非跟我来！

耶稣说这话的底气很足，因为他手里拿着唯一的一把打开大门的、大卫王的钥匙。这扇门，我打开了就没有人能关得上，我关上了就没有人能打得开。面对这样的选择题，谁不想跟从掌握着钥匙的人？钥匙就是权柄，也是一切追求的答案。门又是唯一的，《约翰福音》比喻道，假如不从门进去，那是什么，那是贼啊，只有拿着钥匙进去的才是那地方的主人。经上还说，只要你呼唤主名，"耶稣"！他就听得到，而他的名就是授予你的钥匙，你就找到了通往幸福之路的门。所以基督徒在祷告之后一定要说的一个词就是"阿门"！

于是，人们努力寻找和追求那唯一的一扇门。一门心思，假如找不到门，就失去了自己的方向，他害怕那样的迷失，因而无比诚挚地呼唤神的名。如果你坚信的是西方极乐世界，那你呼唤的可能是弥勒佛的名。但是不管怎么说，没有门怎么行呢，连道家飘逸的崂山道士、儒家勤奋的神笔马良最大的本事也都是在墙上画一道门，然后穿墙而过。

但是，假如就是不给你开门，有什么办法呢？就比如对当初的俞敏洪来说，门背后真的什么都没有，就是没有签证，就是没有彼岸世界、没有美国加州，怎么办？他回转心思，反而从此开创了一片新东方。禅门祖师达摩在少林寺对着墙坐了整整九年，都没有想过在墙上画一道门穿过。不是他没那个本事，禅宗典故里就有禅师能在山洞里看到山下的街市人烟，然而禅师们留下一个词叫作"无门关"，实实在在就是说，门根本就没有另外一边，还是回转头去吧，回头是岸。

耶稣号、弥勒号宇宙飞船真的是接引信徒们飞向远方的新天新地吗？福音上有这样一句重要的话也是出自耶稣之口——"我就是门，凡是从我得救的，必要进来，必要出去，必要得着青草吃"。就是说进来还不算，到底是要出去的，门后不过是暂时的集结地，青草地其实还是在门的这一边。既然如此，跟当下回头的话也就合理地融洽了，回头看到的无非是此时此地此在，你就在岸上，乐土必须就在这里，你一个人的新东方。

那么终极的门，也只是虚设，是画在镜子上的门。当我们面对镜子的时候，从来不问，镜子的另外一边是什么，因为我们知道镜子只有一面，从镜子里看到的依然是这边的世界、这边的自己。

诲淫诲盗

幸福在哪里？幸福就在门背后。阿门！

《马可福音》记载，耶稣有一天在路上被人拦住并被问："求您告诉我，我该怎么样积德怎么样行善，才能得到永生？"耶稣说："诫命你是晓得的，不可奸淫，不可杀人，不可偷盗。"那人说："我都一直在这样做了，请问我还该做些什么呢？"耶稣就很慈爱地看看他说：好，你只缺少一样，就是——

稍等，咱先卖个关子。信仰进入世俗伦理层面之后的忠告，无外乎种种诫命。耶稣引用的乃是摩西从上帝那里得来的十诫，十条训诫早早就刻在石板上，可算是整个基督教信仰伦理的基石，而耶稣着重挑的这几条，应该是重点中的重点。上帝的标准定得足够严格，比如《马太福音》说，凡看见妇女动了淫念的，或者也许只是喜爱，那这人心里已经与她犯了奸淫；又说，没有理由地休妻另娶，估计是喜新厌旧了，所以也是犯了奸淫。这里没有交代女人是否也会犯奸淫，是否对这方面的顾虑天然免疫？但那不是问题的核心，核心是，心念与行为等价。动了杀人的心思，就跟杀人的行为一样恶劣，毕竟杀人越货这种勾当一般人也是做不出来的，但是盛怒之下杀气腾腾却一点也不稀奇。举凡有奸淫的心、有杀人的心、有偷盗的心，就应该忏悔，要不然将有苦头吃。

什么苦头呢？《楞严经》里佛告阿难说：如不断淫，必落魔道；如不断杀，必落神道；如不断盗，必落妖道。戒淫、戒杀、戒盗，也正是如来佛对于六道芸芸众生的三大教诲，称作清净明诲。淫心与杀心尚可理解，为什么他们对偷盗都这么痛恶？偷盗不止于偷拿别人的东西，欺世盗名也是偷盗，如时下坊间不少自封的导师名士们贩卖各种成功、各种灵修、各种养生，赚人钱财以致耽误性命，就知道其可恨之处不亚于前者。

佛说，如是，摄心为戒。诲淫诲杀诲盗，都是关于摄心的教诲，令人欣慰地与上帝的训诫一致。贪心生盗念，嗔心生杀念，痴心生淫念，所以诸佛教诲莫生诸念，以清心对治贪心，以净心对治杀心，以明心对治痴心，才能保持人形。而三者根本的根本乃是一个字，贪。人的本性总是贪恋自己的所有，还要竭力抓取更多，并且为了尚且不能得到的东西而终日忧愁，遑论放弃已有的东西？如果贪心殷盛，而仅仅强求克制淫念杀念盗念，那么也许就像勤勤恳恳地在地里锄草，每天锄一遍，第二天还要再来，辛苦却没有尽头，一旦坚持不下去了很快又会长满，跟什么都没做一样。

在《小王子》的星球上，泥土里满是猴面包树的种子。一棵猴面包树苗，假如你拔得太迟，就再也无法把它清除掉，它会盘踞整个星球，它的树根能把星球钻透，如果星球很小，而猴面包树很多，它就把整个星球搞得支离破碎。贪心就是那个小小的猴面包树的种子，任它生长，会将人毁灭。

故此上帝说，你只缺少一样，就是——"去变卖你的所有，分给穷人，然后跟从我。"但那人却满脸忧愁地走了，因为他的产业很多，然后耶稣就说了，你们看，财主要进神的国，比骆驼穿过针眼还要难啊。上帝说的也许是，贪心让人变得狭隘，狭隘的眼看世界也是狭隘的，人如果没有找到贪心这个病根，那么驼眼瞪针眼，大眼瞪小眼，就是过不去这一关。基督教价值观讲究人要胜过自我，把心交给上帝，就是以无私无边之爱取代自己的小我私心之爱。佛经教我们"降伏其心"，以菩提心取代迷妄心，是不是有一定的相似性呢？

然而佛祖还有话说。他说，没有证悟的人妄谈真学，乃是第四大罪过。嘴巴安分些不要自以为是，正是如来要说的第四清净明诲。以我所说，无非一个贪心执迷的人在谈论贪心执迷而已，我的针眼并没有变得稍微大那么一点点吧。

一贫如洗

长辈该给晚辈洗脚,位尊者该给卑贱者洗脚。

在中小学校的墙报宣传栏往往会看到关于中华传统美德墙报系列,而其中又突出孝顺。每到母亲节、父亲节乃至重阳节,就老有人担心世风日下,孩子们忘记了孝顺两个字怎么写。古训说"百善孝为先",于是他们努力想点对策,可又往往头脑迂腐而缺乏想象力,想到的不是作揖下跪磕头就是让孩子们给爹妈洗脚。据说集体洗脚活动在中小学很是流行,那里操场足够大,爸爸妈妈们一人一个脚盆,排成整齐的阵势,红领巾们表演尊老爱幼的大型文艺汇演节目给师长们看,气氛渲染之下妈妈们往往痛哭流涕,可这场面却实在有一种怪异的喜感。

也许以大人们的业余生活经验来说,除了吃饭喝酒以外,不可或缺的就是洗脚了。独乐乐与人乐乐孰乐?不若与众也,所以安排家长们也来享受一下洗脚的乐趣,也算是通情达理的善举。然而其实在古代男女授受不亲,母亲洗脚是不可以给儿子看的,让儿子给母亲洗脚完全是现代人的一知半解。如果说要体味父母的辛劳,不如摩挲他们的双手,手上的老茧、伤痕、干燥缺乏护理的皮肤和舍不得花钱收拾的指甲,这比洗脚更加合宜。况且,在这个场合下,洗脚的内涵只是服侍,父母们真的要孩子们服侍自己吗?父母和孩子之间就是你伺候我、我伺候你这种相互服务的关系吗?我看他们所希望的更多是理解吧。

洗脚本身,本来大有文章可做。屈原当年打算投江的时候,渔夫劝解他说:"沧浪之水浊兮,可以濯我足。"何必抱怨水浑呢?一样可以把你的脚洗干净。这就是说,何必只是抱怨世风日下呢?重要的是关注你自己正确地做人。学校毕竟不是职业培训班,有些人只能从类似按摩捶背的享受角度去理解洗脚,有的还聘请专业洗脚师做现场的技术指导,却不能把沧浪之水清兮浊兮的故事提出来供大家思考,真是让人失望。

渔夫们总在泥滩里进进出出,最懂得洗脚的道理。《圣经》记载说,最后的晚餐之前,人子耶稣给他那些以打鱼为生的门徒洗脚,如此屈尊,这在孔夫子看来笃定不可理喻。门徒们劳作辛苦,脚上总是沾满泥泞,洗脚是一种必要的洁净。在耶稣那里,则象征上帝洗却人在尘世生活的尘垢、性情与心智方面的玷污。耶稣做完这事还教导说:我给你们洗脚,你们也该彼此洗脚;我给你们立了榜样,叫你们也照我给你们所做的去做。门徒彼得甚至说,"主啊,不但我的脚,连手和头也要洗!"后来教会发明了沐足节的仪式,由主教身份的人给一些手下甚至罪犯洗脚,以示赦免、圣洁及服事。虽然照例有些形式化,但跟曾经盛行的给领导打伞、给领导擦汗一类谄媚的侍奉举动比起来,高尚得不是一个数量级。

脚代表了人与世界所直接接触的方面,以心灵的角度来说,脚是朝九晚五的奔波,泥泞是情绪和担忧的种种。因着一天劳作的辛苦,人人的心里都蒙了尘土,被琐事烦扰和分散精力,不能很好地享受自由与自在的乐趣。如果我们彼此洗脚，彼此提升，那么我们才真的有兄弟姐妹的情分。

经上还说，灵里贫穷的人有福了。校长们是贫乏的，但他们并不知道自己的贫乏，反倒为了自己的权利、钱财等而深感富足，他们往往又因此而自我封闭，失去了人生丰盈和变化的可塑性。知晓自己贫穷的人则是对物质的多寡不上心的人，他对沧浪之水是清是浊也不挑剔，他寻求灵魂的伙伴，在一天的劳作之后能够互相"洗脚"，让一种光照来共同充满我们的内在，我们不能没有彼此。

黄檗希运禅师出家之后，家乡的母亲放不下执着，哭瞎了眼。其心切切，就在路边设置的茶摊给过往的僧人洗脚，除了礼敬之意，还期望大海捞针般找到自己的儿子，因为她知道儿子左脚有一个痣。不知道过了多久，黄檗云游果然经过这里，却只给她洗右脚。他走了以后，别人忍不住告诉他母亲，说刚才那个就是。母亲听了，几近疯狂："难怪声音好像我儿！"她追到河边，黄檗已经坐船而去，他母亲失足落水而绝。

虽然这是佛家的故事，照儒家的说法，他反而是个孝顺的人，因为第一他成了一代名师，光宗耀祖；第二他当时乘船返回，超度了母亲升了天成了菩萨。我相信这是生搬硬套，因为禅师才不会搞什么光宗耀祖，但即便按这种说法，也足以证明洗脚和孝顺不必划等号。这一次，洗脚是一种苦苦的寻觅。黄檗那时一定心里极其矛盾，要不是母亲执着心太重，原本可以大家都过得潇洒。换一个人，也许会学学耶稣的榜样，给当时还是俗人的母亲洗脚，一来洗去她的尘劳之累，二来洗去她的执着之苦，这岂不是比"光宗耀祖"之类的更有爱么？

有教无类

勇敢地对峙心魔，清心地信仰真理。

释迦牟尼走出树林的时候，不知道有没有预见到自己将来会被人拆解成碎片装在镶金嵌玉的好几重盒子里，加上锁，再盖一个宝塔，呈上供桌接受信徒们的顶礼膜拜。佛骨舍利流传千年，从来都是某些寺庙的镇庙至宝，无数王侯迎来送去地不知费了多少银两，越传越名贵。

陕西法门寺有一枚来自佛祖指骨的舍利，本来深藏在地底，沉寂长达一千年。若干年前，舍利却被人开掘了出来，又从镇寺之宝转化为招财之宝，衬托以红绢金座，罩上玻璃的罩子，加上锁放在华贵的台子上，外面再建造一座镀金的宝塔，宝塔周围建造重重的走廊和房间，然后用围墙把这一大块区域都围起来，最后再把方圆若干平方公里的土地都圈住，成为特许经营之地。不仅普罗大众想要见舍利必须突破这些重重关卡，用一摞一摞的人民币开路，连和尚自己想拜都难——你哪里有见过绑匪们绑架了人质之后，还允许家里人随意探视的？岂不是没法做生意了。这件事，一度闹得沸沸扬扬。

可是世尊本来就是王子，他自己是毅然决然拒绝了荣华富贵的生活，心系大众，对后人的这些做法，他大概只有苦笑的份了。相类似，耶稣也是有无数精辟教诲的人，也是王者的后裔，但在世三十年只是一个木匠，而且什么荣华富贵都不要——相传魔鬼曾经带领他到山上，指着天下城池跟他说，只要你跟了我，一切荣耀和权力都可以归你调遣，而耶稣只是淡淡地拒绝了。

如果人们能把这些教诲活学活用，世间的快乐不知道该有多少。然而人却常常不能胜过自己，不能向两位榜样学习。人性本来就最爱好形式，越是流于形式的话，越是陷在里面出不来，被个别人用来进行抬举自我、荣耀自我的工作，反而玷污了宗教本身，这种事就不用具体举例了。

人们把耶稣和他的一切都当成膜拜的符号，教堂、十字架、出生场景和钉死场景乃至裹尸布，一旦成了宗教的商标，就不再是他自己了，他只是宗教有限公司的签约明星。佛祖菩萨罗汉鬼神，都依此例。信仰必须依赖宗教的形式传播，而形式本身却能让人们看花了眼而成为阻碍。过来过去，常常都因为是人在操作，目的都是人本身的荣华富贵，虽然对于荣华富贵的理解不一定相同——有的是跟金钱有关，有的是跟权势有关，有的是跟功德有关，等等，无非一己之利。

佛家有这样一则流传的故事：佛祖涅槃之际，魔王波旬说，你离开娑婆世界之后，我一定要破坏佛法。佛说："佛法是正法，没有任何力量能破坏。"波旬说，顺应人的欲求，我是专家——"到了末法时代，我那些欲望膨胀的弟子们会穿上你的袈裟，曲解你的教导，破坏你的佛法。"佛则闻言不语。

成立了宗教，聚拢的未必是佛陀与耶稣的同类，因为被魔的力量混了进来。然而苍蝇不叮无缝的蛋，魔能够混入宗教，当然怪人本身——人与人的相互崇拜，有时甚至比世俗的崇拜更加厉害。世间的崇拜是魔在生活伦理方面的入侵，而宗教里的崇拜是魔在心灵境界的入侵，所以有信仰的人比没有信仰的人面临的挑战更加艰巨。佛家修心经典《楞严经》列举了五十种之多的所谓"阴魔"，也就是人要辨识、对付这么多种障碍，一种种比较下来总有一种让人觉得说的正是自己。选择不走这条路的人只是不自知，他们看似避免了挑战心魔，实际上早已投降做了俘虏。但是，既然生而为人，就勇敢地拿出来一些英雄气概去跟心魔对峙吧！

来者不善

理想的存在并不是止于善恶伦理。

讲孝顺、讲和睦，佛家跟儒家相一致，因此都教人行善积德，这也成了最高的行为标准。儒家在根本上相信人性本善，未经社会浸染的儿童是最善良的，生活了一辈子马上就要死的人也往往能回归善良的本性，而掐头去尾的大部分人生，全都是在恶的淤泥里挣扎，害得圣人们像唐僧一样千叮咛万嘱咐。不过看起来这就跟猪娃们在泥地里摔跤差不多，你觉得是挣扎，他们自己却是乐此不疲，玩得开心着呢。

恶为什么这么吸引我们？有本书以这个问题作为题目，试图回答，为什么坏人身上总有一种令人遐想的魅力，而这是任何一位美德的使者都望尘莫及的。难道人性真的是本恶，对恶的东西更有共鸣，所以说孩子们想学好很难、想学坏却很容易？

因为善与恶，仍是幻觉，离开了生命伦理的根基就是无源之水。你看到你想看到的，所以你希望从人性中看到善，你就看到善；恶也是这样。人的视野往往被自己所用的工具所限制，善恶准则就像是窥视人性内核的一架显微镜，虽然可以让人看到比较深刻的东西，但仍然不是人性最深刻的本质。

善恶是狭隘的、相对的。一部分人的善，对另一部分人可能就是恶；一个时代的善，在另一个时代也可能是恶；一个人从左向右看是善，从右向左看是恶。

以《弟子规》为代表的中华传统美德讲孝顺、讲和睦、讲亲情，原本是不错的。然而有时又把亲情上升到了至高的地位，讲亲亲相隐，换一个场合也叫做官官相护，就是大家都是亲缘关系的利益共同体，因此互相之间应该袒护，而法律、权力、制度都可以退居其次。如果这叫做善，那么这种善同时也就是恶。封建礼教鼓吹妇女为了贞节而守寡致死，朝官为了操守而干脆殉葬，把残酷当作美德，恶得更加光天化日。

西方也一样，过去虔诚地烧死女巫以求黑死病的结束，现代则有人为了胎儿的权益而报复从事堕胎手术的医生；战争中奋勇杀敌的英雄人物同时也是敌人眼中的大奸大恶之徒，纳粹意识形态熏陶下精忠报国的军官，同时也是杀人不眨眼的冷血动物。

建筑于善恶基础上的道德准则因此也是不可靠的，这种道德准则的基础含有权柄、荣耀、利益等物质因素。道德的背后是价值观，这个话题很大，但是无论如何，底线是：以牺牲生命的代价来换取善的道德，是不可取的价值观念。这要跟舍生取义的勇士精神分开，勇士的牺牲乃是为了避免更多人的牺牲。

如果善恶是幻觉，世界的实相自然在善恶对立之上。禅宗讲，吃斋不能成佛，面壁不能证果，坐禅不能得道，这些都只是形式。反过来，求取真理，则是有可能违背孝顺、和睦的团结气氛。《马太福音》里记载耶稣说：我来，是叫人与父亲生疏，女儿与母亲生疏，媳妇与婆婆生疏。

家庭不和当然不是他的目的；来者不善，但来者也不恶，只是论断善恶的事情靠边站，该谈论的是关于生命真谛之事。

半信半疑

信念意识与质疑精神的并举。

儒家创立了细致周详的礼节，但这些礼节从一开始就是流于形式。孔子说，敬神如神在。这明摆着就是自欺欺人，心里到底是不那么相信有个"神"的，不过，宁可信其有不可信其无吧，保不齐真有什么神神鬼鬼，特别是这礼数原是做给下人看的，上行下效，底下人也得如此敬我才是。

所以儒家那一套东西，到底还是以"我"为根基。钱能通神，鬼也能为你推磨，这种"神"跟"鬼"也没多大分别，因为这敬拜的事所做的是归结于物质利益的一笔交易，保佑我，我就信你，不然，我改信别家的去烧香。

儒家不讲柏拉图那套精神长、理念短，若从中国文化谈论"信仰"两个字，那么开头就得打个折扣。到底中国人是无神论还是有神论呢？其实这问题在于中外的理解不同。西方理解的"神"是超越于物质世界的，而中国就没有这种超越性，一切事情都是在物质世界里发生，包括感动天地、轮回报偿之类的事情，都是归结于现实。因此中国的传统思想是没有神的，但同时又在五行世界里圈出来一块神秘的地方，这块地方就是怪力乱神，孔子告诫说，以后谁也不许谈论这个圈子里的事情，都揭穿了就不好玩了。我们知道一切潜规则都是围绕着物质利益的，在这个圈子里也一样。

在儒家的理想社会，人的存在模式如同藤草，大家在一个平面里互相纠结在一起，越多的相互联系、越大的铺展面积，就是越成功的存在。古代的伦常讲的是利益分配的次序，一如水泊梁山的英雄座次，然而如邓晓芒指出，只讲个人利益，不讲独立人格。一方面，大家都追求一样的理想，按着一样的模式生存；另一方面，相互纠结的方式也让人没有愿望或者力气去向空中成长。典范是圆通厚黑的人，在外人看来根本就没有个性才好，"个性"这个词也被称为棱角，作为贬义词处理。

生命的真谛是世界的本真、至善与纯美所在，但穷人讲生存、富人讲生活，都不愿多谈生命，离开了生命的哲学无非就是实用主义哲学，而这是冒牌的哲学，让它来谈生命的意义，当然是看不到意义在哪里。谈起生命的时候，人们也多是望着那块神秘的怪力乱神之地，期望围墙那边有一些可以寄予希望的东西。这"寄托"之"寄"也就是"寄生"之"寄"，始终还是没有想到从草本植物提升为木本植物。

离离原上草，一岁一枯荣，浑浑噩噩之间，对生命之事只是半信，对实用的处世哲学却是深信不疑。但是，人的价值、权利、追求、意义这些属于"心"的东西，全被"物"遮盖了。禅宗说，要明心见性，需起疑情，大疑大悟，小疑小悟。但不是怀疑一切打倒一切，那是走向了虚无。要半疑，也就是用带着问号的目光来查考原本看来理所当然的事物，这是征途的开始。禅师的问题是不求答案的，问号是化草为木、走向生命的一盏思辨的灯。

鱼腹藏剑

人与自然之间的相互敌视,是一种悲剧性的关系。

小时候翻《新华字典》,发现关于植物的词条好像承袭《本草纲目》,都是"根茎可食、花可入药"一类的解释。至于动物更是详细,比如像猪的全身都是宝,肉可吃,皮可制革,骨头做肥料,鬃毛可以做刷子,以至粪尿都可以做沼气发电。在人类的眼里,自然整个就是一头肥猪,大大小小的生物也是各种形状的猪,看到的都是各个部位的利用价值。

古人对自然之物的取用常怀着感恩与尊重的心情,然而从西方的启蒙时代开始,崇敬就让位于征服,喜爱就让位于一种带有敌视色彩的对抗情绪。人类自信可以主宰世界,就真的去主动宰割世界,以致如《阿凡达》那样的霸道攫取。有人在解读小说《白鲸记》时说,自然就像那头白鲸、一团庞大的可开发资源,人们猎杀白鲸不仅仅为了贩卖谋生,更是为了证明人类自己的伟大,而人与自然之间的相互敌视是一种悲剧性的关系。欧洲人当年在北美大陆疯狂猎杀野牛、在澳洲疯狂猎杀渡渡鸟,以致物种灭绝或几乎灭绝,都是霸道和戾气的代表。霸道的背后即是人的自我崇拜,对自然的依附转变为独立、崇拜转变为叛逆,人把古典的自然女神轰下了神坛,然后自己站了上去。我们在一道道江河上拦筑水坝、剃头般地砍伐树木、按着自己的设想规划地球，凡此种种，背后也是人定胜天的思想。

但是傲慢自大是要吃苦头的，傲慢的人类啊，以战争和胜负来看待人与自然的关系，谁会真正地"赢"在最后呢？切尔诺贝利的灾难，几十年之后已经遍地生机，自然并不必然需要人，而人类必然需要自然。自然其实有好生之德，倒是人类自己作死，圣经《列王纪》里的上帝诅咒说，"死在城中的必被狗吃，死在田野的必被鸟吃"。什么意思呢？野狗和乌鸦吃的是腐肉，上帝告诫说，自我崇拜而蔑视自然是一条死路，因为人类越是崇拜自我，就越是被各种仇视、各种对立所割裂，最终戕害的还是自己。崇拜和仇恨的模式也在人类社会中蔓延，奴役与被奴役、征服与被征服、压迫与被压迫、暴戾与反暴戾，人类发明了多少种方式来苛待自己？

狗这种动物跟人有很深的渊源，它是人类最早驯化的动物，能懂人的意图、指令，人和狗之间的长期信息沟通硬生生把狼变成了一个新的物种，狗的存在代表着自然与人的亲和，为我们提供向导和守护。但狗又有一些奇怪的举动，狗吃屎、吃骨头、吃死人肉。做这些事的时候，狗代表了自然对死亡、遗弃之物的接纳。希腊神话里在地狱守门的是三头大狗，埃及文化里在冥界负责称量亡魂的也是狗头的神，狗担当了生与死、人与自然、文明与荒野之间的纽带。

被鸟吃，那鸟非乌鸦莫属，这些黑衣天使往往跟死亡联系在一起，也被用来描绘巫术与邪恶。丘吉尔把困扰自己的忧郁症称作黑狗，它压倒性的存在随时随地都可能现身，把亮色一点一点吞掉，就像这只乌鸦。但是在以符号为语言的炼金术著作中，乌鸦代表了经过彻底的黑暗而走向新生。被狗吃、被鸟吃真的是诅咒吗？倒不如说是即便人类自甘毁灭之后，自然仍然不抛弃，而从废墟中重新塑造新的人性。正如黑色的雾霾笼罩了一切，黑色迫近你的面前、掠夺你的呼吸，为的是逼迫你进行时不我待的反思。

《圣经·约拿书》记载约拿在海上航行，被鲸鱼一口吃掉了。但他却没有死，而是在鱼肚子里待了三天三夜，经过面壁忏悔，大鱼把他吐在了陆地上。小木偶匹诺曹也经历过类似的奇遇，他在鱼腹里真正变成了男孩，在那里他遇到的竟是亲手创造自己的父亲。以同样的方式，耶稣也在墓穴里三天三夜而复活，这鱼腹就是地狱的表征，像雾霾一样完全也是人类自己所造。所谓地狱其实不应该是十八层酷刑那种疯狂的折磨，那些仍然是人类对待自己的方式，真正的自然之道是如严肃而仁慈的长者，她用黑狗、乌鸦和鲸鱼的方式把人类引领到一个必须面对自我、深思自我的地方：自己所造的业，也要自己来消。

人类变成新人类，要经过在鱼腹里的转变；对我们自己来说，就是要经常在自然的深处静坐沉思，跟创生与呵护人类的自然联结，并反思自己的霸道、贪婪与傲慢。野狗和乌鸦吃的是腐肉，但人类还没有那样地死掉，说明人类并没有在悲壮的英雄主义怂恿下跟大鲸鱼同归于尽，而是我们正在大鱼的肚皮里待着，等待反省之后出来重新做人。

信以为真

信念创造真实，站在未来的角度对待今天。

耶稣到底是不是真实存在过的人？死了三天的人为什么能复活升天呢？《圣经》里面的故事都真的发生过吗？

以这种态度来信教，一辈子也得救不了，总是不得其门而入的门外汉。因为必须相信这一切都是真的，不然也不叫"信徒"了；不但如此，还要相信《圣经》所说的那些预言、那些千年之后将要发生的事也是真的，才是真正的信徒。

这就叫"真以为信、信以为真"。是一个人凭着信，把世界从一个真实过渡到另一个真实，虽然这两头的"真实"在别人看来都是不可考证的，但对于信者来说，这个版本的过去与未来，是今日世界一切存在的基石。

"信以为真"这个词的标准解释，是把假的当作真的。从心灵的角度来说，却是别有深意。这个深意就是：什么是历史，什么是未来？什么是已经过去的真实，什么是即将到来的真实？以至——什么是当下的真实？

过去不是客观存在的，过去只存在于我们的思想中。未来也不是客观存在的，未来也只存在于我们的思想中。

你信，就是真。信则有，不信则无，也是这个道理。信了，你所信的东西对你来说就是真实的。因此信神的人总是在身边看到上帝的足迹，别人却看不到；怕鬼的人偏偏总是见鬼，别人也看不到。

我们用思想和信念来塑造自己独特版本的历史与未来，塑造对自己而言真实不虚的四维世界。思想不是无形的东西，恰恰相反，它们是有形的器具。在某个层面，思想是可观察的活物，这活物的活动就是言辞，就是平时我们在彼此沟通中所说的话，以及内心深处自己的独白。

爱的思想和言辞是紫水晶的魔杖，恨恶的思想和言辞是暗红色的火舌状的钢叉，苛责的言辞是沉重的大锤，虚伪的言辞是发臭的过期汉堡包。

在你执着于某一思想的时候，你就把这种思想强化，这一思想会具有充分的活力孵化出来，会变成你生活中真正的现实。你每时每刻都在产生新的思想，你选择什么样的现实取决于你孵化哪一些思想的胚胎。

如果你总是在反复思想，我这件事做得这样不行、那样不对，因为你是真的如此相信，所以自然它就很容易变成现实，然后你看到现实真的那么与你作对。其实首先跟你做对的正是你自己。

咒语之所以灵验，在于念咒和听咒的人心里都相信咒语。如果自己念咒给自己听呢？促成咒语转变成现实的正是你的信念。信念是一个中性词，因此每种思想都可能是一种许愿，被你坚固的信念所实现。所以，你必须真的相信自己，不要把评判的权利交给别人，这样的信念才可以把你对自己的良好祝愿变成现实。

有些人说你要对付小我之类的话,但"小我"不是你要对付的自己,而是你要接纳和引导的自己。

假定你是未来的你自己,你现在是在五年或者十年后回忆此刻,你希望对现在的你说什么话呢?你该以怎样的爱怜看着此刻的你呢?你难道不想穿越时空拥抱自己吗?如果是,那么你照镜子的时候,就可以以未来的自己的身份,爱自己、肯定自己、相信自己一次。

你信了,就是拥抱了明天的自己。你需要对自己的过去、自己的未来有坚定的信念,这也就奠定了当下真正的真实。如果你不敢回顾过去、不愿相信未来,那么,当下的世界一定少不了浑浑噩噩。

堂而皇之

有些人嘴上说荣耀归于神,实际却归于自己。

    星期天的上午历来是属于耶稣的,这一天的上午,人们都放下手里的活计,渔夫们也收了网,农民们也不上地,电脑工程师也不开机,投资经纪人也不去炒股,连吵架的夫妻也停下了你死我活的鸡毛蒜皮。各个教堂响起此起彼伏的歌声,耶稣降临每一个十字架,痛苦不堪地把快乐带给人间。同一个世界,同一个梦想,同一个耶稣,却有千千万万的教堂,一条街上好几家,你叫浸信会我叫宣道堂,去哪一家好呢?

    人们总是不得不面临这类的选择。选民主党还是共和党呢?其实能有什么差别,都是一些不能兑现的许诺罢了,以及某一些时候早上三颗栗子晚上四颗栗子,换一个时候早上四颗晚上三颗,我们觉得差别挺大,因为我们是猴子变的,选择的游戏也就是跟耍猴相当。喝百事呢还是可乐,去这家超市呢还是那家,开日本车还是德国车,买LV还是不买LV?——但这其实都不是问题。

    左边的教堂,右边的教堂,以此类推。盖一间会堂,然后把耶稣七手八脚地钉上十字架,头上戴着荆棘的皇冠,让人们礼拜,许诺种种的好处，然后把捐款的盘子传来传去。堂起来，皇起来，我们这些达尔文的猴子们就立即丧失了东南西北。耶稣可是货真价实的帝皇传人，《新约》的卷首用了超大的篇幅历数从亚当到吾皇的传承，以为正统。

而教堂肃穆庄严，特别是古典的哥特式建筑，俨然是铁铸的机器，矗立千年而不倒，耶稣风风雨雨地挂了一千年，眼见教堂越来越威严气派豪华前卫，这个正牌皇族的苦相一点都没有减少，身上的衣服还是褴褛不堪，跟教主们华丽高档的装扮对照鲜明。各家教堂在你争我夺之间，人们的十分之一上缴款，不是肥了这家就是肥了那家，猴子们却一直没有变成人。

经上说教堂是基督的身体，人们总以为教堂是建筑本身，所以对教堂及其设施非常崇拜。但是教堂应该是指人，是人的心灵的构造，地点才不是重要的。这个误解也是有些人借佛敛财能够得逞的原因，塑金身的造像、纯金的宝塔尖这类事情利用了人们对于物质的执着心。

禅宗但求真理，不拘形式。某雪夜，丹霞禅师到一个寺院里挂单，夜晚，他竟将木雕的佛像取下来烧火取暖。寺中住持见到，连忙喝问："你在做些什么！"丹霞说："烧佛像，看看能不能烧出舍利子。"住持道："木佛岂能烧出舍利子！"丹霞说："既然木佛烧不出舍利子，要他何用？再取几个来烧吧！"此则故事说的是，佛像本身也会成为让人执迷的障碍。盖执迷是人的天性，也是没有办法；拜佛、吃斋、转经之类往往成为形式主义。烧佛像是让人破除迷思，让人不要执着于形式。

丹霞烧佛，是禅宗不拜偶像。不过这跟基督教说的不拜偶像不一样，基督教认为偶像是邪灵所依附的，这邪灵里的老大自然就是撒旦。除此之外，禅宗也不拜圣人，对佛祖也不在乎。僧问云门："如何是佛？"答曰："干屎橛。"在宗教里算得上亵渎神灵的话了，而禅宗的概念里并没有万能的神灵。

通宵达旦

用自己的喜乐去见证自己的信仰。

鲁迅家门口有两棵树,一棵是枣树,另一棵也是枣树。《圣经》记载,所罗门圣殿门口曾经立有两根铜柱,一个柱顶高五肘,另一个柱顶也高五肘。鲁迅的两棵枣树或许反映了一种寂寥心境,但经文使用了相似的文法,要强调的则是数字"五",以便把其中的奥秘一五一十地说清楚。

上帝不是造物主么?这两根柱子就是象征上帝用来造物的手,左手有五指,右手也有五指,双手承担着各种实际的做工,又相互配合、相互依赖,合起来表示一种完整。左手的名字叫做博阿兹(Boaz),意思是"祂必坚立";右手的名字叫做雅斤(Jachin),意思是"在祂里面有力量"。但是上帝以造物主的身份出现,并不是一砖一瓦地把万物亲手雕刻出来,这样做事过于琐碎。上帝只需定下最根本的宪法大纲,整个世界就运转起来。

这是什么世界?这是个二元的世界。一阴一阳,铜柱看起来正是象征阴阳,万物创始于此,万物归结于此。在神殿建好数百年之后,圣城被巴比伦洗劫,神殿被毁,两根柱子也被融化成了铜水,运回帝国,铸造成杀人的武器和起居的器皿,从此变化成为凡尘物事。《圣经》的主旋律之一就是重新建造一个更大更好的圣殿,那时将是新天新地。圣殿重新筑造之日,也是精铜从凡尘的角落重新聚合熔炼,再次打造成为铜柱的日子。

这个重建的工作,很多人都想要参与。传说当年建造神殿的工匠后人组成了秘密社团,继续阐释建造的理想,以这两根柱子作为根本原则建设精神的新天地。神殿简化成了两根柱子,又简化成了两个球:一个是地球,另一个是天球,而后人们又解释为阴阳生道,汲取了炼金术的思想。塔罗牌也带着这样的概念,在"女祭司"这张牌上,她正是端坐在这两根柱子中间,柱子涂成一黑一白,女神则是灵修神秘智慧的化身,估计也是神殿的化身。只不过这些都是《圣经》里原本没有的引申。

《圣经》原文说,柱顶包括一个球型和一个底座。可是在塔罗牌上,圆球却不见了,仔细一看原来跑到了女神的头上。女神头顶一枚很大的珠子做什么?有人说那是女巫最喜欢的水晶球,水晶球里看得到未来的景象,表示来自内在的智慧。联系汉字"旦"的起源,日升之貌,上面是一个带点的圆,下面一条横线,你会发现女神头顶原来就顶着一个"旦"字。圆形和横线的组合代表神圣,比如在古埃及,赐生命的神鸟就常常抓着这个造型的法器,人们还把名字用圆形框起来、下面划一道横线,保护其神圣的生命力。

想象力的翅膀可以是天马行空的,但这原本毕竟是上帝的神殿,被男巫女巫们接管总归不妥,关于柱顶的秘密其实就写在《圣经》里。这要从打造两根柱子乃至整个神殿的户兰说起。《圣经》介绍说他是一个寡妇的儿子,他母亲来自但支派,外族的父亲在世时是富商,而户兰自己则是属于拿弗他利支派。上帝是雅各的上帝，以色列十二支派是雅各的十二个子嗣，其中但支派是最不受待见的，雅各临终的遗言说，"但必作道上的蛇，路中的虺，咬伤马蹄，使骑马的向后坠落"。蛇不是什么好的象征，然而不幸，但族的图腾就是蛇，也许他们注定要扮演反面角色。

相反，拿弗他利就受到雅各的祝福，他的遗言说，"拿弗他利是被释放的母鹿，说嘉美的言语"，所以这一族人代表喜乐、自由、洒脱、幸福的人生。而关于户兰本身的秘密就是：虽出于无望和堕落，然而获得了崭新的人生，其中的转机就是这两根柱子，也就是上帝的双手。灵修炼金术虽然也发出类似的号召，却认为转机是要靠神秘流传的智慧、法术。对两根柱子的解读不同，导致走向了不同的方向。

柱子不是支撑神殿用的那种大堂支柱，而是矗立在外面，就像天安门广场曾经短暂矗立过的民族团结柱一样，乃是"见证"的含义。所以博阿兹和雅斤既不是二元世界的两大支柱，也不是某些精英们用来自诩的、重担在身的栋梁。户兰作为建造者，建造的是见证，那么他本身就是见证人，人的新生就是见证。人并不需要死而复生，也不需要逃脱肉身，只要过上喜乐自由的日子就是见证，同时也就是建造。这正是穿越迷茫的暗夜走向新生的黎明，通宵而达旦。

人们以双手去建造自己的生活，也就是见证着上帝的双手在做工。虽然多数灵修讲的也是喜乐至福的道理，只是始终仍是去强调冥想静坐这类技术性的操作。追寻幸福人生的初衷都是一样的，有的人去信仰，有的人去灵修，见证、建造、修炼、参悟，都只是不同的名词，随缘就便吧。柱顶或者头顶的球，未必是地球、天球、水晶球，但必定是关于喜乐的智慧。

树上开花

生命之树上光灿灿的金花代表灵性的璀璨。

电影《阿凡达》里面有一棵巨大的树,整个原住民部落都住在里面,树顶上是飞龙的地盘。这棵树有很强的符号寓意:它代表生命之树,代表了自然界一切生命组成的整体。电影里面在树的中心有一个巨大的双螺旋形的阶梯。在生物学上来说,一切生命的共同之源就是DNA的双螺旋,一切的生物形态互为姻亲,都来自原初的这一组螺旋,因此它正是生命之树的核心。

生命之树是一个传统的符号,凸显的是来源于归宿的统一。不过生命世界本身是网状的,彼此交联、动态平衡。人是这整个网里面的一个部分,并不拥有主宰生命之网的特权和能力,但人类一直是僭越的,数百年来西方工业社会一直在摧毁自然的生机,直到今天让生命世界的平衡岌岌可危,最后还是害了自己。

自然的反击从来不是出于仇恨,所以并不会以其人之道还治其人之身,也不会像人类滥杀无辜那样判处人类的死刑。自然并不只是我们的家园,自然是我们的更大的躯体,而躯体是不会戕害自身的,只会针对性地修理破败而疯狂的癌细胞,不幸的是,人类的现有文明模式就是这些癌症。因为主宰人类世界的，不是爱，是恨。

现代人跟自然脱节，记忆里已经几乎没有星空和绿野，自然成了被抢来抢去的"资源"，为了掠夺更多，不惜任何代价。自然不仅是各种飞禽走兽共同的家，而且是同一个躯体，任何一种生灵都可以接触。神秘主义思想相信，生命之源也存放着一切的思想与记忆，与源泉相通可以听到先祖的声音。假如你真的能够听到先祖对后人的寄语，你会听到什么？该是孩子们快乐的笑声吧。人们把自己封闭在阴暗的、钢铁的壳子里，为了利润而处心积虑，如何比得上夜晚丛林里梦幻般的诗意呢？于是有的人宁愿放弃螺丝钉的人生，选择了爱与精神的自由，在这个意义上，他获得了无拘无束的新生。各自为政的城市生活方式，看似非常自我非常潇洒，实则每个人的身心都被无数羁绊牵连得疲惫。相比之下，那种你我相通万物相连的存在方式，看似非常麻烦，实则每个生命都享受生命本身的乐趣。多么奇妙的悖论！

人自身也是一棵生命之树，成长生发是内在的天然倾向。瑜伽与道家的修炼就好比树上开花，是灵性升华的璀璨结晶。心理学家说的终极的自我实现、存在主义者说的具有宗教情怀的存在方式也都有这种"升华"的味道。荣格曾经著有《金花的秘密》，是对中国道教典籍《太乙金华宗旨》的翻译和点评，这本书谈到，修炼到一定境界之后，天目已开，会看到曼荼罗花样的灿灿金华，那是元神的光，荣格就此联系到西方炼金术所期盼的、柏拉图主义的灵魂世界的光明，有一种摆脱身体、逃离浊世的渴望。

但开花的树，还是那棵树。人如果是树，就是从根到叶的整个生命，而不仅仅是缥缈的金花。《阿凡达》里原住民和飞龙的合一，就不妨当作身体与灵魂的合一来解读，这些龙就是树顶上那金灿灿的花，其功用乃是飞翔，自由地飞翔。换句话说，树上开花，就是人长了翅膀。

再翻开《圣经》的第一本和最后一本，在起初，伊甸园里的亚当和夏娃没有摘生命之树的果子，却选择了另一棵叫做"分别善恶"的树，因而被放逐。在末尾，新天新地的河水边则是长满了生命之树，每个人都是一棵树。永恒超越时间，所以，起初和末尾并不是时间的概念，两者都同时在今天发生，都是关于存在的寓言。

安之若素

不妨以吃素的心去吃荤。

有人从动物权利的角度出发说应该素食，佛家则从生命轮回等角度劝诫，还有一些人士则主要是从身体健康的角度出发也提倡素食。毫无疑问，工业化农场、消费主义、唯利是图和转基因食物让今天的餐桌变得很恐怖，你永远不知道面前这盘看似鲜美的食物里面有多少回收原料、化学添加剂、残留农药、重金属污染、寄生虫卵和游离基因，一言以蔽之，吃遍元素周期表。你把这盘可疑的杂烩丢进身体的内环境，在那里分解处理，肝脏、肾脏、血液、淋巴，这些脏器的负荷比以往任何历史时期都沉重。

有一部纪录片《食物有限公司》（Food, Inc.）用镜头记载了我们称为"食物"的这种现代商品是怎样生产加工出来的，作为食物原料的动物、植物又是怎样像矿山一样被无情地攫取。当然，这部片子很可能就是标榜有机、天然的公司赞助拍摄的，他们的目的并不比其他的广告策划高尚多少，同样都是操纵消费者的心理。食物危险，但又不能不吃，相比之下看起来肉食更加危险，然而如果不能吃素，那就最好去买价格贵上好几倍的有机肉。

瑜伽老师们喜欢提倡吃素，有三方面的原因，除了上面说的，第二方面是肉体修炼的追求，大凡得道的和尚都是终生素食，死了还能变成舍利子，就是证据，道士们喜欢辟谷，什么都不吃，直觉上理解这样做可以清净身体，跟道家唠叨的清净澄明、脱离凡尘是一致的。第三方面，则是因为有些人喜欢套用佛家的轮回主张，并且把爱心说成可以改造世界的物质波，有时甚至把吃素也当成了时尚，跟养颜和服饰并列。

我倒不强求人吃素。虽然我热爱动物、推崇禅宗、倡导健康，但这都不能成为非要让人吃素的理由，不把这些跟吃素划等号。虽然工业化肉食生产问题多多，但是吃肉本身并没有原罪。生命在不同的动植物之间织构成一张彼此相联的网，肉体的相互依存就是以吃为具体形式，完整的健康需要完整的输入，单方面阻止身体对于全面营养的需求是对自己身体的残酷。素食主义者说，蔬菜里有你需要的全部营养，这个论点在科学上讲并不严格。修的是心，而断食辟谷法门似是流于色相，没有什么必要。我依然支持动物权利，尊重和感激它们的存在，但我也一并珍视给孩子们盘中准备的肉食。

人的完整的自我不是自己的肉体，而是整个自然。单单一具肉体的健康洁净跟整个自然的污染疮痍比起来，又算得了多么大的成就呢？真正的健康是全面的健康，而全面的人是社会的人、自然的人，不是孤立的张三、李四。现代社会的问题是人的问题，人把自己变成了独立的、盲从的消费者，而不再是一个完整的、社区的人，是人自己要从生命之网中割裂、跟自然对立起来。人对自己的行为和欲望要反省，不能干了什么都心安理得，不然就算以浪费的方式对待一条鸡腿也是暴殄天物的做法。心怀尊重与珍惜，对待肉食才可以安心，而安心的话那肉食吃起来也就像素食一样没有分别了。

电影《阿凡达》里那些原住民对待杀生的态度可资借鉴，他们尊重生命、爱护生命，对于不得已而进行的杀戮深感愧疚。北美原住民，也就是所谓印第安人就秉承一种跟西方基督教文明不同的世界观。我们引以为傲的东西，像高楼大厦汽车洋房，他们不感兴趣。他们要的是自然的家园，所以他们从不兴建城市，安于游牧生活。他们尊重生命之网，看到的是生命之间的相互依存、平衡自然的共同繁荣，而不是像西方人那样只看到你死我活。大地是活生生的共同的母亲，一切生灵的来源和归属，而不是像现代人那样肢解成一块一块的房地产。原住民文化并没有私人财产的概念，族群整体的意识大于个人意识，现代人很难接受他们的"原始"，然而正是利己、物质的现代人才是更蒙昧的。

生命力是神圣的，人们对于流向自己的生命应该保持尊重，不要为了贪婪和娱乐等目的而滥杀生命，也不该浪费生命。人类虐养动物只为了它们的血肉和皮毛，让它们终生难以享受作为生命的乐趣和自由，非常亵渎生命的神圣。当你看到手上的皮包、身上的皮衣时，想一想这是一个动物放弃了自己的生命而奉献给你的，你要心存感恩。当你吃着美味的肉排和寿司时，请做同样的默念，感谢它把自己的生命力转移给你，作为你身体的组成，你当好好珍惜，不要浪费它。吃，是一种爱的行为，一种关于生命建造的行为。

春秋之禅

苹果有毒

虚拟空间里有死亡和永生吗，那里是否柏拉图精神恋爱的实现？

苹果有毒，不是新鲜事。有一次，夏娃咬了一口，眼睛就张开了，从此人类拥有了知识，但是却失去了上帝的宠爱。又有一次，白雪公主咬了一口，眼睛就闭上了，手里的苹果滚了开去，沿着山坡，一直滚到牛顿的头上。于是启蒙时代开始了，什么数学、物理、天文统统重建，科技的发展推动人类走向现代，而牛顿称得上现代科学之父。苹果继续滚，滚到塞尚的盘子里，艺术的新时代也开始，什么构图、色彩、透视统统重来，而塞尚称得上现代艺术之父。又过了一百年，乔布斯先生一把抓住经过的苹果，开启了社会文化的新时代，他把艺术、科技、个性与商业完美地融合在了一起，在很多人眼里也称得上现代格调之父，只要去星巴克坐五分钟你就会同意我的说法。

乔老爷的赫赫履历就不用复述了，从动画到游艇样样都是大牛，连他老人家画个圆圈都会被公司作为总部的建筑造型，在英年仙逝之后人们已经推出了不少传记书籍和电影。智慧及信息行业作为创新能力至关重要的行业，像他这样的先知和天才，其实还有不少。牛顿说，我看得远是因为站在巨人的肩膀上，电脑行业基本上也是一副巨人叠罗汉的场景，每一个都站在前一个肩膀上。乔老爷这一代的肩膀托起了 Facebook 和 Google 这样的新星，他们自己也站在上一代的肩膀上。比如鼠标和图形界面，并不是乔老爷发明的，他是从别人那里拿来技术变成了产品。

  我们倒着往回看：二十一世纪手机遍地，此前的八十年代制造了第一台苹果原型，此前的七十年代首次出现了用集成电路版实现的台式电脑，此前的四十年代，是史上第一台用真空电子管组装起来的电脑，它们的发明者都是相继接力的巨人，以上这些事件也都是信息技术革命的里程碑。而信息技术的起点，也就是直接站在地上的那个巨人又是谁呢？

  他是英国的数学家图灵（Alan Turing），他创立了整个电脑信息行业的根本概念，包括电脑、逻辑、算法等，以他的数学眼光看，任何数学问题都可以拆解成数学逻辑运算，只要制定好规则，按着步骤一步一步去做就可以完成。图灵不论做什么事情，也都是行业的佼佼者。影片《模拟游戏》讲述的就是他的故事，当时正值第二次世界大战，德军用枪逼着科学家们开发了加密电报，需要用配发的精密仪器才能解读，图灵去帮盟军，仅凭手工计算就破解了加密算法，改写了二战的发展轨迹。

  不仅如此，有段时间图灵对生物学感兴趣，用数学的眼光研究生物，开了计算生物学的先河，又有段时间他对化学感兴趣，同样也把数学武器引入化学，还预言了一种化学家自己都不相信能存在的新现象。要不是他也是英年早逝，不知道还会有多少成就。仅仅其在世时期的成就已经足以奠基整个行业，后来这个计算机行业的最高奖就叫"图灵奖"，表达电脑技术和人工智能的概念机器就叫"图灵机"，而 2012

年就是纪念他诞辰一百周年的"图灵年"。

图灵英年早逝,正是跟苹果有关。事情的起因涉及他的好朋友,因为偶然的原因,警察发现图灵的恋人居然是个男人,当时的人可不懂同性恋,于是满朝文武一想,图灵可是国宝级的人才,怎么会害了这种不上桌面的病呢?就像整天给人介绍对象的红娘一样,这些人怀着一片好心做着蠢事,于是世界上多少聪明人都是这样被笨蛋们给害死了。他们的逻辑推理是,图灵肯定是年轻气盛,荷尔蒙失调,怎么办呢,阴阳中和,给他注射雌性激素,或可平衡。于是可怜的图灵就被迫吃药,吃得胡子也掉了,喉结也没了,还长出了两个有形有款的乳房。

这给图灵带来了很大的哲学困扰,对深受身体外形束缚他感到无能无力。他提出了一个问题:如果你面对两个箱子,你不能看到箱子里面,不过可以跟里面问话,根据问话的结果进行判断,但是其中一个箱子里是一个人,另一个箱子里是一个电脑,如果两者对每个问题的回答都是相同的,你是否该认为这个人跟这个电脑是等价的,有同样的意识、自我,甚至权利呢?这个问题就叫图灵测试。

这问题在今天就是,在因特网上,你怎么知道对方是一个人还是一条狗?这并不是一个技术问题,而是一个伦理问题,也就是说,该怎样定义人性和人权,该怎样理解人的存在及其价值?图灵或许幻想,有一天,将有一台机器可以重现一个人所进行的全部数学和逻辑操作,那个时候,一个人的身体就可以由一个机器人去替换掉,而人的精神在信息的虚拟世界里获得终极的自由,再也跟身体的局限没有关系。

图灵一边想着人类终将生活在虚拟世界,一边给苹果抹上了剧毒的氰化物,放在餐桌上。第二天一早,他吃着早餐,优雅地拿起苹果,咬了一口，然后就倒在了地上，心里想着他的七个小矮人朋友。直到2013年的圣诞之夜，英国女王终于为图灵正名，为当年的愚蠢之举道歉。

我们今天的确正在走向虚拟化的世界，不少人乐观地相信，人脑和电脑可以完美地结合，未来的电脑也将能够代替人脑的物理介质存在，而人的意识说不定可以在信息的空间得到永生。虽然还很遥远，但是现在大量的社交网络等工具正在把越来越多的人类行为都信息化、数字化，正在朝这个伟大的方向进步。假设Google掌握了足够关于你自己的各种冗余的信息，你的每个记忆细节都存储在它的服务器里，你的每个动作和每个念头都变成一种讯号收集起来，那么对另一个人来说，Google完全可以模拟你，去跟他交流。再结合来自日本的发达的机器人和皮肤模拟技术，一个既有外形又有内容的人形就出现了，他的每个细节都跟你相同，每个念头和判断都跟你相同，他就是你，而你又是谁？你会对人生的价值意义感到哲学的困惑吗？这些问题直接拷问着我们对人性的理解。好莱坞的一些科幻电影也从不同的角度来探索了这些问题，什么是"生命"？什么是"自我"？我们是否能够进入虚拟空间？那里有死亡和永生吗？虚拟空间是否柏拉图精神恋爱的实现？这样的问题问不完，大家看看新电影再回来讨论。

有赖乔老爷的天才，现在满世界充满了苹果的产品，一个苹果的Logo足以兑换相同重量的逼格。下次当你看到这个被咬掉一口的Logo的时候，也许你就会想起伟大的图灵，电脑行业的白雪公主。同时也别忘了，苹果，还真是有点毒性的。要命的是，你已经咬了一大口，现在轮到你把这些哲学问题想想清楚的时候。

数字垃圾

世界，我要跟你发生关系。

程序员有一个雷打不动的行业传统：任何语言的第一个程序都是 Hello World，也就是不管你用什么方式，向世界打个招呼。程序员离开这世界的时候，也应该写个 Goodbye World 的程序吧。经典的 C 程序结尾一定是一个花括号，跟程序开头的花括号完美对称，其中分配的内存必须干净地释放，打开的文件关闭，缓冲区也冲空，所以好的程序员多有洁癖，连语句和标点都是对齐的。

整理了一下自己在虚拟世界的印迹，主要是用户名和密码，有七八十个网站之多。我觉得自己还是属于较少泡网的，可见现实是多么地网络化了。最大的一个麻烦在于各个网站都要用户名和密码，我又实在记不住那么多，因为我每次用的都很相似但又不一定完全一样。这些网络服务包括银行、邮件、网络服务、账单、购物、论坛、博客、文件管理、兴趣等，如果把这些网站上关于我的信息综合起来，基本上就是这些年网络生活的全部了，就算加上照片和视频，一个 U 盘足矣。我希望能有一个托管机构，在一个人 Goodbye World 之后能够代他清理这些杂物，除了个别信息资料之外都作垃圾处理。

电子信息垃圾算是怎样的垃圾呢？这些垃圾不能回收，而且基本上也不能查找，在数据库一放就是许多年。数字设备比我们想象的要长寿得多，祖宗辈的 IBM 大型机还在数据中心稳定地工作，它们顽固地使用着按照穿孔卡片概念设计的 EBCDIC 代码。

展望云计算的未来，太多个人信息都在那里，积累几十年几百年的话，要么变成垃圾的海洋，要么任何人任何时候都可以接触任何人的资料，时间与空间的概念被轻易逾越，人类进化了。但我这个人都不在了，资料数据还活蹦乱跳，像活跳尸一般，甚至电脑还能用这些东西拼起一次虚拟的我，真是一件令人讨厌的事情。就像基因技术发达以后，某人凭着你的一根头发再造了一个年轻的你，而你还不知情。未来数据结构也会更新换代，而组成我的虚拟个体的数据将过时，届时的那个"我"实打实就将是一个古老的幽灵，只能跟同样古老的其他幽灵们交换数据，到底还是被时间所左右。

对所谓奇点乐观的狂人们，是否预备好了接受一个由过时的垃圾数据所组成的自己？比现实更可怜的是，身体起码还会自动新陈代谢，虚拟自我却没有这样的一个机制。试试看在微博等社交网站删除数据，你就知道会有多么艰难和繁琐，而且任何一个未经发现的转发、拷贝都会让那个数据起死回生。这个虚拟的我越看越像古老的吸血鬼，我们认为长生不死是好，对他自己来说却是一个最恶毒的诅咒。

我不喜欢积攒垃圾，就像我做饭一定要收拾干净，睡前垃圾箱一定要倒掉。如果我 Goodbye World，那么一定会提前把印记都擦掉，账号也注销，或者至少托人来做这件事。什么是存在？我的观念是，动态的"关系"是真理，告别世界只需要告别一套关联体系，然后把既定的名词重以新的方式联系起来，建立对现实的新的解释也就营造了一个新世界，这是人类的特权。什么是垃圾？当人与世界的关系重新定义时，那些无法轻易擦除的电子印记都是垃圾。实相是动态和关系本身，而所谓称为存在的东西只是对动态的一个个切片，社交网站罗列了大量这样的切片并且企图按一条直线对加以顺序排列的时候，并未真正理解人到底是什么。

在地铁上看到婴儿和小孩子，禁不住多看几眼。看到怀抱着课本的年轻人，他们在努力某个专业，前面有充分的未来等待塑造。看到上班的人，穿着用心的服饰，他们从一个个家里出来，工作，然后回去。看到人们纷纷看着报纸或者盯着手上的屏幕，不说话，没有表情。看到街头的各色人等擦肩而过，红灯绿灯，阳光不断变换角度，天晴，或者天雨。看到报纸每天在变化内容，新闻层出不穷，国内的微博网站热门话题日日更新，纷纷扰扰地争吵，不休不止，股市升了两百点，或者降了两百点，又升，又降。

我有时会觉得这一切跟我其实无关。我在，或者不在，原本并没有什么差别。在人和世界之间，你愿意有关系就有关系，愿意没有关系就没有关系。按理说人应当努力，应当要在世界留下印迹，这不是一个人自己的消费和占有这种印迹，而是对世界的创造和改变。当这种印迹没有意义、没有必要的时候，人就是自己孤立地活着，不管在现实的世界还是在虚拟的世界都是一样。不愿孤独，却往往只是并排站立。

一望无边

科学、艺术与禅的交融创造了推陈出新的人。

希腊神话里的小爱神丘比特是我们熟悉的人物。他的母亲是美艳的维纳斯,这一点没有异议,但他的父亲是谁,却有不少人会答错。艺术女神虽说风流无数,但其实还是有一个正房老公的,他就是勤奋的工匠赫淮斯托斯。据说他相貌丑陋,因为生他的时候,父母正在吵架,他从天上掉下来摔得不成人形。赫淮斯托斯是世界上最早的理工男,不仅丑,而且不解风情,但是手却很巧,能制造各种有用的工具。他不参与众神之间的风月和风醋,但是阿波罗的战车、雅典娜的宝剑、丘比特的弓箭等物事,无一不是出自他的双手,离开了他,世界着实会无趣很多。

如果说小爱神代表人类,那么文艺女和理工男就代表了艺术与科学是怎样联手把人类拉扯大的。乃父乃母把自己的基因给了孩子,同时也要回答他与生俱来的问题:我是谁?我从哪里来到哪里去?对于人类来说问题则是,什么是人?艺术与科学怎样分别定义人?时代发展将要把人类推向哪里呢?

哲学奠基于人的自我,从人的自我认识到人的自我实现,以至人的自我超越。关于人的话题，首先隐含着关于"自我"的界定。而一切定义都是边界获得确立的结果，辨识轮廓和形状是人与生俱来的天赋，因此继续问下去的话，问题就是，自我的边界在哪里？

科学用两大工具来探究世界：测量和分类。通过这两个工具，理工男不断地明晰了人类所处的世界里形形色色的定义，这些定义并且不断地被深化和细化。早期的科学家把全世界的活物分为门纲目科属种，然后把人体解剖开来成为一块块精确测量的骨头和肌肉，现代的科学家甚至完成了人类的基因完整编目。今天我们终于生活在一个科技主导的世界，指纹、眼底和基因的精确测量确定了一个人的生物身份；行业与职位分工的细化和僵死，人在社会中的存在也通过数字得到精确定义，包括各种账户余额、证件号码、联系号码、统计资讯等；方兴未艾的量化自我运动又鼓励人们测量自身的各种参数指标，从心跳呼吸到行动思维。在这种种情形下，人被精确定义了吗？

理工男眼里的世界是器械的仓库，在艺术对下雨下雪大加赞叹的同时，科学以自己的方式研究水：有圆柱体形的罐装水，有立方体形的盒装水，有线性的管道水，等等。但是这种测量和分类是没有意义的，水的形状取决于容器，不能说水是什么形状，只能用其他的属性来描述，比如温度和黏度。文艺女认为，人就像容器里的水，应该用情感、美感、比例这些属性来定义，而不是简单测量，尺寸真的不重要。

艺术也有两大工具：阐释和创造。文艺女向大家演示，这些个不透明的容器里面装着的是一样的水，用文学的方式捏一捏，有水的声音和手感；用舞蹈的方式摇一摇，有水的动静和态势；用情感的冷热试探的话，热胀冷缩的表现也都是大同小异。文艺女接着号召说，要打破这个边界、这个装水的罐子，把里面的水展现出来。比如贾科梅蒂"被涂抹的人",一遍遍在同一画布上抹掉和重画;杜尚《下楼梯的裸女》那种"多角度的人",把不同角度、不同时间的印象叠加在同一张画像上;弗朗西斯·培根"融化中的人",通过扭曲变形的皮囊来表达内在的人性对夸张的渴望。这都是受文艺女的启发,理工男越是希望用边界来束缚人,文艺女就越是要突破它,一望无边。

　　文艺女说,天上的云看似千变万化,其实只有层云、卷云、积云三种,你要看本质。理工男笑道,人的自我存在感依赖于边界,虽然一时突破了边界,但在突破之后需要重新界定才能认识自己。相比之下,蝴蝶和庄周都干脆地否定了自己,彻底逍遥,但是这样一来,他们的自我也不存在了,用"不存在"回避了关于"存在"的问题,而不是回答了问题。没有边界的人,是没有自我、没有存在感的。

　　如果存在是静态的、可以精确定义的客观存在的话,那么存在感就是动态的、不能精确定义的主观存在感。贾科梅蒂《行走的人》把人削减到只剩下一副瘦骨,像是驾驶着人形飞船的外星人终于露出了原形,这个原形的名字就是"主观"。它可以看作一个雕塑的核心支架,在支架上黏附了关系、观念、伦理、责任等外来物才变成一个个形态各异的人,也就成了我们"存在感"的填充物,但可悲的是,在现代科技世界,这些存在感内容竟然大多是外来的负荷。而艺术家岳路平一把将这个骨架也抹掉,论断说"抹掉即存在",这是什么?这是"无我",抹掉关于存在的执着,而用存在感来填充——这大概可以说是科技艺术禅。

　　文艺女拉着理工男说,不要让每个人都像你自己那样活得那么累,每天就是埋头工作干活,用种种工作来填充自己的存在感,因为人的边界不只是现代生存方式所定义的那样。人的边界一直在变形和拓展,

从平面到立体，人的存在也成长得更加丰满和多维，但你必须有这个多维思考的能力。人的边界已经改变，可穿戴、虚拟现实等科技，它们的意义并不是为躯体再增加一层枷锁，相反，正是拓展了传统的边界，于是岳老师提出"设备即器官"，这是我们新的能力。

理工男从前固守着一个传统的关于自我的定义，这个自我有时又被称作"小我"，跟它相联一起的还有静态特色的世界观。他现在意识到，这个自我与外在环境是相通的，相通的那部分是人的外在"自我"，对这部分的感知，躯体本身就已经不够用，需借助新的设备和方法。然而文艺女看得更远，她说人之存在的最核心的部分正在于人与人、人与社会、人与世界的关联，这关联的集合就是融合的度，可以说是人的灵魂所系。而行走的人、单向度的人是孤立的、对立的、不完整的人。

于是我们归结岳老师的第三个论断："现象即本质"。小爱神，你应当去世界当中感知世界、审美世界，那是你的存在感的真实源头，所谓现象就是世界在你心灵里的认知和感悟，新颖设备的出现使得人更加深切地感知自己、感知世界，在与世界深度融合的同时，也是在与自己深度融合。拥抱无我，实际上拥抱了真正的自我，亦即"大我"。海德格尔在谈论存在与时间时说，人最主动的地方是他永远在超前于世界的下一时刻，这使得我们可以决定与世界建立什么样的关联，也就是决定了以什么样的方式来建造自己。边界不再是束缚的意味，而是测量存在感与成就感的一种方式。文艺女首先跨过了时间，理工男目前也正在开始做这件事，程序员现在比以往任何时候都有魅力。他们是新人的父母，而小爱神，你准备好了么？

浪漫致死

死亡是虚空的，浪漫是虚空的，只有生命是实在的。

最浪漫的事情是什么？"九千九百九十九朵玫瑰"是被流行歌曲催起来的迷思，那首歌还是小男生唱的，因此只能算是小男生的揣测。在情感方面小女生就靠谱一些，她说，我能想到最浪漫的事，"就是和你一起慢慢变老"。

小女生长大以后分成两种，一种矢志不渝地在衣食住行之间消磨着，另一种就把这事给忘了，改口说生命就是拿来浪费的，趁着还能踢能跑赶紧去疯。小男生长大以后觉得，这不都是等死的态度吗？区别只在于前面一种消极地等死，后面一种积极地等死。

按说天下第一浪漫的事情，就是像罗密欧朱丽叶、梁山伯祝英台那样迅速而干脆地死掉，但人总不该寻死，所以天下第二浪漫就是一个人死在另一个人的怀里，留下那个人把浪漫写成诗词。以此类推，慢慢地老死，只能排名第三，而最最不浪漫的事情是双双一起老成了糊涂虫，连对方什么时候死的都忘了。

这两年吸血鬼爱情故事盛行，吸血鬼是什么？困在死的状态，不能转世。死给浪漫带来了无限生机，续集一本又一本地写下去。可见如果缺了以死作为参照物，那么浪漫就不够值钱，像小男生、小女生曾经稀里糊涂地拉过几下手，拜拜之后，你死跟我死毫无瓜葛，这种浪漫就必须相忘于江湖，浪漫本身也就死在了风里。

可见，浪漫的生命是死亡所赋予的。既然如此，我们为什么追求浪漫？也许事情的本质是这样的：浪漫并不是一种可以触及、可以感知的实体，它是一种虚空，像爱丽丝掉进了兔子洞，浪漫就是像无底洞坠落的过程。浪漫从来没有存在过，因此浪漫也不能说是随风而逝，更不应该为了这种虚空而赔上几滴莫名其妙的泪水。浪漫的吸引力在于所缺憾的部分，而不在于所获得的部分。同样的道理，结婚成家签字画押之后，就会发现在婚姻之外更容易看到浪漫。死是终极的虚空缺憾，所以死正是浪漫的源泉。

但是，死的本质是生的转机，穿过死的假象，浪漫的真正生命仍然必须来自生。死亡是虚空的，浪漫是虚空的，只有生命是实在。凡属归于死亡的实在都是虚空，看似不可捉摸的、生命的成长变化却是实在的。

于是最浪漫的事情其实是在于生命那无止息的成长。两人必须在岁月的流沙当中积淀出来一朵珊瑚，并且日益鲜艳多姿，我和你必须在这种共同的美丽创造中存在。哪一天这创造性的成长停滞了，哪一天这浪漫就开始死去。

海底观月

心安处，即我家。

在青蛙王子的故事里，公主吻了青蛙之后，青蛙嗯嚓一下变成了王子。与此同时其实公主也嗯嚓一下变了，她长大了，看到了眼前这个男人内在的美，看人看世界的眼光已经跟过去全然不同。以前写书的时候讲了这个故事，因为那一时节的我拼命在找关于内在转变的事情，心里充满了关于炼金、嬗变的想法。

我的珍藏里面就有一帧小幅油画，画面上青蛙王子头戴花冠盘腿坐在洞穴里，拖着腮帮子，表情忧郁。若干年前认识一个魁北克的画家 Suzanne Brind-amour，跟一个美国歌手同名。当时我还是初学电脑的学生，写了个支援讨论组的 CGI 网络程序，她拿去在自己的朋友圈子里试用，就这么认识了。当时 Google 网站都还不存在，互联网刚刚兴起不久，网上认识的都是真人。邮件来去间似乎谈到自己的苦恼，就是对电脑及网络非常有兴趣，可惜我学的不是这个专业，没有钱读电脑，但还要被迫上工科博士以养家糊口，选课也要老板签字才能批准，只能靠业余自学。她把青蛙王子的画作寄给了我，以资勉励。后来我是扔掉博士学位顺利去读电脑了，可惜我愚笨，没有乘坐网络快车搞两个网站什么的发发财，搞的是传统的编程，所以然后又青蛙起来了。

我觉得 Suzanne 喜欢绿色，她的作品总是以精灵和仙子，在沉静略显孤寂的氛围里毫无例外地烘托着鲜亮的色彩，浪漫俏皮不做作，也是我喜欢的风格。如果我会油画，一定会回赠一幅。但自那以后再没什么联络了，加上我自己流离颠沛，不了了之，我相信她未必都还记得十几年前给一个穷学生寄过青蛙王子的事情。

然而那青蛙的确恰巧是我的所爱，不仅仅因为我长得像青蛙一样丑，当然这也是原因之一；有的青蛙嬗变成人，有的青蛙拜托大雁飞的时候叼着一根竹棍，好张开大嘴咬住棍子一起飞离苦海，有的青蛙只是梦想尝尝天鹅肉的味道就可以安心了，还有的青蛙坐井观天，那个圆圆的亮亮的井口或许是月亮，黑黑的井壁或许只是夜空，所以是透明的，所以青蛙本来就在平地，哪里有井？哪里有阻隔？

迪士尼版本的《青蛙王子》里公主吻了青蛙，唿嗒一下，青蛙没事，公主却变成了另一只青蛙。这么做真的很妙。一个青蛙就是喜欢胡思乱想，不安分，而两个青蛙在一起，也就每天抓抓鱼游游泳，一起看海面上的月出月落，日子在潮汐之间老去。心安处，即我家。

咸言碎语

爱是生活的味。

　　小时候读李尔王,很为其中的一个问题所动。国王打算把王位传给自己的三个女儿,就问她们,你们有多么爱我?大女儿说,我对你的爱就像糖一样甘甜;二女儿说,我对你的爱就像蜜一样甘甜;三女儿说,我对你的爱,就像这菜里的盐,不过这个回答让老父亲很失望,也让她自己失了宠。

　　按故事的发展,老父亲后来被甜言蜜语的两个女儿赶走了,流落荒郊,又饥又渴,恰好来到他已经不再认识的三女儿那里。三女儿招待他吃了一顿温暖而丰盛的饭菜,看着就美味,但老人吃着吃着就嘀咕怎么这么难吃,再吃着吃着就泪如雨下了。原来,菜里都没有放盐。他这才认出面前的女儿,才醒悟世界上什么最重要。

　　耶稣说,你们是世上的盐。盐如果失了味,就跟尘土无异,丢在地上,任人践踏。这话也许可以解读说,你们是这世上爱的使者,没有爱,人活得还有什么味道,又还有什么价值的呢?盐是爱,古代第一美女叫做西施,第一丑女却不是东施,而是无盐,可见是丑得竟连一点爱都得不到。说完了盐,耶稣又把有爱的人比作世上的光,灯在台上乃是要带给屋里的人们温暖和光明,把这含义又进一步做了引申说,爱是你我相互温暖的光。

十几年前俺结婚的时候,要去新娘家迎亲,新娘的朋友准备了可口的饺子,新娘也在里面等。但这么简单就不叫迎亲了,不克服点困难怎么行?人接不走,连饺子也吃不上。所以新郎带着人马开着战车到了城下,先用鞭炮宣告攻城战役打响,然后用力量、威风和密集的红包攻势攻克一层层的城门,采用人盯人战术分头跟伴娘们周旋,直到最里层的卧室。新娘很淡定地端坐床中,左右侍卫把守严密,虽然眼见敌人进攻却纹丝不动,因为敌人进来的第一件事是忙着满地找鞋。新娘的红鞋不知道藏在哪里,估计没有一个超大尺寸的红包是套不出来口供的。不过这是属下的事情,新郎官不管,这个时候,热腾腾的饺子就煮好了,给新郎接风洗尘。味道挺好的,咸淡适中,一点儿盐都不缺。

我说的盐在某一个饺子里,而且这个饺子的馅完全是百分之百纯盐,新郎毫无心理准备,没想到敌人在这里还有伏击,一口咬掉半个,差点条件反射地吐出来。但我把饺子嚼完赶紧咽下去了,吃完之后胃里有点不适,不过也没什么,就算吃后悔药催吐也吐不出来了,多喝点水吧。哎,包饺子的人后来说,干嘛要吃下去呢?

饺子在嘴里的一刻,我在想,假如我作了某个选择,我从此承担这个选择的一切后续发生,也许是极为苦咸的事,我是去承担还是去逃避呢?那个时候我还没有读过盐和光的比喻,要不然的话,应该会像日本核电站事故期间买到了防辐射的碘盐的人一样惊喜,那盐吃起来或是甜的。

夜空里的随笔

一盏夜里开着的灯。

　　我的眼睛有比较严重的近视，摘掉眼镜的时候，所有的东西都变得模糊起来。这样倒有一个好处：当飞机开出夜幕下的机场，外面那些远远近近的灯点，在我看来都成了一团团红橙黄绿颜色各异的花，飞机仿佛是在梦境的花园穿行。滑行速度越来越快，直到振翅高飞，看见城市的一片灯海，如海面上群集盛会的夜市。在我们看不见的遥远的海面，或许此刻就有各种浮游动物打着火把开着的盛会，就像阿凡达电影里面那种不夜的夜色，络绎不绝然而静谧安然的场景。

　　人的盛会总是喧嚣纷乱，要大声说话才能彼此听见，假如愿意听见的话。或许毕竟需要距离才能产生美，除非从这样一个浮云上高度望去，才能欣赏那些光点组成的光线，光线组成的织构，织构组成的图案。但这图案几乎是肖然不动的，时间在这里流逝得非常慢，可体会到一种接近永恒的味道。

　　如上的说话是老生常谈，但我老生今天还会这么说：每个片刻的时间里都有永恒的味道，正如每个灯光的亮点都在这图案里面。无论是郊外寂寞行走的车灯，电视塔尖顶上闪烁的信号，不夜的角落里刺眼的广告牌，还是隔壁小窗里透出夜读的台灯，橄榄球场照得如同白昼的巨型灯柱，舞厅一闪一闪令人迷乱的光斑，全都有永恒的味道。佛说，烦恼即菩提。谁说大千世界的各样人生都是苦，又何必寻求什么解脱？吃斋念佛的人们啊，存在本身就是解脱。

　　浮云之上是另外一种光，少半个天空仍然有着余晖的温度，另外半个天空里月亮在看守。月亮总在不远的地方，无论你身处丛林深处还是世界之巅，它总在离你不远的地方，它的距离从来没有变过。

　　浮云也有着自己的光，那只有在夜空里才看到的微弱的闪电，紫色的光芒不时地照亮整片云，远近的云朵此起彼伏。如果说云朵是地球大脑的神经细胞，那么闪电就是其中的神经脉冲，自然从来没有一刻停止思想，每秒钟都在发生千万次的脉冲，而我们穿越在地球的脑电波当中却浑然不觉。她在思考什么？我不想煽情地说那是忧虑人类对环境的破坏和对生命的戕害该如何遏止，但是想着想着，就见云里落下雨来。看着新闻里播报最近频发的灾害，旱灾、洪水、火灾、地震、泥石流，自然是因为思虑太多而失控了吗？远远地看到一点灯光，想象那是另一个航线的飞机，在这些光线之间穿行，装了满满一飞机的小小的思想，逗号、句号、叹号、问号、省略号，从来没有一刻停止。人们啊，你们在思虑什么，你们已经先于自然而疯狂了吗？

　　在云层上面飞行，月光之下恍惚如一望无际的原野，湖水则好像一片池塘，云层透过的城市之光渐渐退行，仿如牧场上远近不一的小屋，每盏灯下栖息着一群饮食男女的牛，它们出生、长大、死亡，生命化作奶制品、肉制品和皮革制品，并在这过程中产生了一些温室气体。

　　我喜欢在夜里开长途，在月色下沿着漆黑的公路，在自己的灯光里前行，两边是一望无际的原野，间或有蒸腾着雾气的池塘，远近小屋的灯光那里聚集着牛群。我也一样地路过一个个的城市，从逐渐增多的路灯，到纵横交错的桥梁，再到林立的高楼和穿梭的车流，再到逐渐减少的路灯，最后又复归原野的广袤宁静。套用一句流行的词语，这时我是一个"在路上"的人。如今我在万米的云层之上，同样也是回家的长途旅程。每个人跟每个人都互相路过，对于路人来说，我也是一头平淡无奇的牛，生命化作各种产品，并在这过程中产生了一些温室气体。所幸，至少还有一个小屋，一盏夜里开着的灯，在这旷野的一角为旅程画一个终点。

安大略湖

当天使行走人间,不就是天堂了么。

(一)

清澈宁静的一片湖水,常会被人说成是创世之神的一滴眼泪。那么作为千湖之国的安大略省,当初上帝在这里路过的时候,肯定哭得稀里哗啦。

上帝为了什么悲伤?也许是不幸在漫长的极夜,冒着漫天的大雪,在漫无人烟的北疆,终于在地平线上远远地看到一个人型的样子,急急地三步并作两步跑,结果跑到跟前,才发现竟是个人形石碓(Inukshuk)。

每一滴眼泪坠到林子里就变成一面湖水,夜晚来临的时候雾气蒸腾流动,月光照在水面上运行,变出一枚仙女。千面湖水里有千枚仙女,在水一方,那是上古的神话时代。

眼泪和月光孕育出来的仙女们,在夜莺、麋鹿和山风的陪伴下长大,学会了忧愁,却看不上天天过来搭讪的潘。她在静谧的夜里收集粼粼波光,一片一片地,最后攒成了一双月光的翅膀。仙女学会了不忧愁,于是她长大了。

千江有水千江月，月亮看似远在天边，可是如果你掬一抔湖水在手里，那么月亮就在你的手里。一滴泪水等于一面深邃的湖水，分赐给这世上每一个寻找月光的人。

上帝怎么可能会是男人？

（二）

梭罗在瓦尔登湖畔遇见仙女，顿时觉得自己此前的生活是多么绝望，而更多的人还浑然不知。仙女背上的每一片月光羽毛对他来说都是一片崭新的希望。于是他充满希望地在湖边住下，每天乐呵呵的，花香鸟语、豆子发芽，都很重要。

大多数人都在时间和责任的催逼下老去了，他们每过一年都在为过去的一年而遗憾，为未来的一年而担忧，当他们真正老到不能动的时候，发现自己一生竟然是在遗憾和担忧里过去了。他们想给年轻人一些忠告，可是发现自己无话可说。

日光下的劳作催人老去，月光叫人的生命长大、身子轻盈。他们在把自己一层层的生活的老茧剥去之后，发现自己根本就没有见过多少月光。

死的时候，天使发给他一枚羽毛，他凭着这根羽毛裸奔上了天堂，羞惭地赶紧去投胎，等待下一世的机会。

梭罗非常庆幸自己有现世重生的机会，把现代文明强加给他的外壳卸掉，拒绝用价格来衡量生命，拒绝用生命来做交易，比如用小半生的生命消耗和劳作来换取一座房子。他看清楚了什么更有价值，毫不遗憾地积攒和享用起这种更有价值的东西来。

所以，月光羽衣，还是上好的眼药。

（三）

　　长周末的时候,安大略湖畔挤满了消闲的人群。他们是真正的消闲,而不是有些人那样忙碌得消闲,忙着通宵唱歌打麻将,或者赶场子一样奔赴一个个景点拍照、购物。

　　第一次来多伦多的时候我有一种想法,当时自以为还很得意——加拿大跟美国的区别就像这大湖跟大海的差别,看着也挺大也挺蓝的,也有海鸥和沙滩,但是它没有澎湃的潮汐。之所以有那种想法是因为我是来自美国的中国人。

　　这两个国家都信奉成功,人人充满野心和斗志,永远不知疲倦地奋斗着。从小我们也被教育,为了什么什么奋斗终生,到死都躲不开。

　　加拿大还有北欧这种比较靠近北方的地方,人们的价值观跟南方诸国有所不同,也许跟这些地方无数的湖水有很大关系,安省到处都是瓦尔登湖。

　　湖滨码头、多伦多岛上到处是大人、小孩和狗,比平时喧闹很多倍,大雁成群结队在水上练习飞行,海鸥围着游人讨面包吃。可我说这是一片喧闹的宁静。静与不静在心态,看这些人心态我感觉是静的。

　　要在平时,同样这块地方,是匆匆忙忙上班办事的人,车水马龙,一片忙碌和嘈杂。

　　长周末的这块地方,让人首先想到的是点彩派名作《周日午后的嘉德岛》。阳光被树叶切细剁碎,随意洒在草地上,洒在人们的身上和脸上。如果此刻在每个人身后都挂一双透明的翅膀,一点儿都不会觉得突兀,反而会觉得理所当然。

　　当天使行走人间,不就是天堂了么。

高地年鉴

与自然连接,与自己连接,与生命连接。

(一)

今天的读书时间,打算在有流水声音的地方度过,那儿安静。什么是静呢?月球般的寂静,不是人类的向往。有个科学家造了世界上最寂静的封闭实验室,据他自己说只能在里面呆上四十分钟,时间再长一定疯掉。流水声、风声、虫鸣声,这些声音把你骨子里的这一种自然归属感牵引出来,揉揉捏捏,那个舒坦啊。有些人在跑步的时候耳朵里塞着iPod,把自己跟自然的声音隔绝开,依旧自闭在"i"的世界里,着实是一种失算。

周末的公园里历来游人繁多,小朋友们带着他们的爸爸妈妈,狗们带着他们的宠物主人,鱼竿和滑板带着它们的老搭档,都来这里消夏。跑鞋带着我的双脚,一路向相反的地方跑去,迂回了一大圈,跟无数的花花草草打过招呼,惊动了好几家子野雁,把一只在路上捡到一枚花生的花栗鼠吓跑之后,才在"清泉石上流"的所在驻足。

虽然没有"明月松间照"的场景,但山坡上都是岩石和无名的小花小草。无名,是因为我不认识,它们其实都是有名字的,早先的科

学家在探索自然的时候，已经对万物进行了分类和命名。假如能认识得多一点，当然是好事，就好像漫天万千繁星，有的人能指着一颗颗亮星讲出来有趣的典故，牛郎织女、七姐妹，等等，而有的人只能说，"哎呀那个星好亮呀"，然后就没了下文。童年时去山里走亲戚，没有月亮的晚上伸手不见五指，那时我的视力还是好的，看到天上的繁星多到不可胜数，无比迷人，完全体会到多年以前张衡的心境。认识星星的意义，重点不在于知识丰富云云，而是认识代表了一种联结。现在灯光污染、空气污染都很严重，繁星不见了，但随处的花草还是很多的，虽然眼下我还是只能说，"哎呀那个花好美呀……"我跟花之间的陌生感说明，我跟它缺乏沟通。如果不知道它的学名，那么，我应该给它一个我自己的命名，那就是建立了我跟花之间的联结。

　　高地公园里有好几处可以称之为"园"的地方，总有一些精致的、娇嫩的碎花，让身处其中的心也不得不精致起来。春天赶到时一概是黄色的花抢先露脸，到了这个时节，那些疯丫头一般的黄花都消停了，身边的花像长成了的少女，各有味道，但矜持自若，不带招摇。潺潺的水声有一种魔力，奔流的样子也浑然有生命的活力质感，没有流动的水，就不能称之为花园。

　　水流不远处就是加拿大雁的栖息地，有一家子两只大雁带着七八只小雁，路过时经常看到它们，每次看到小雁们都长大一些。雁爸爸抬着头，警戒地四处张望；雁妈妈跟孩子们一起低头吃草，间或忽然压低脖子气势汹汹地把踅摸过来的同类撵走。有人把面包捏碎了给大雁吃，周围的雁一哄而上都赶了过来，稍远处水边闲聊的大雁听见动静，也抬头往这边看过来，希望有足够的分发，但看看又好像已经弹尽粮绝的样子，就又扭过头去，接着刚才的话茬继续唠嗑。我正好从那里经过,几只大雁带着疑问的眼神看了我一眼,看看我没有把手伸到口袋里去取什么东西的样子,略微流露出一点遗憾。其实不要给动物们喂东西吃。楼下有棵大树,我几次从那里经过的时候都发现有一只松鼠在那里守望,时不时嗅嗅树根下的一些花生壳。也许再过几天它会明白,树上是不会长花生的,还是赶紧练习爬树觅食的天然能力吧。

大雁们过群体生活,在教育下一代方面做得比较有条理。太阳快落山了,有一队大雁鸣叫着低空飞过,水边的雁们也嘎嘎地应答了一阵,彬彬有礼。秋天的时候,小雁们就会长大到能够飞行,大雁家长们把它们集结起来,安排一些教官领着它们在宽阔的湖水上来回练习飞行,以备冬天长远的跋涉。此刻正是一年当中最好的闲暇时光,这里是它们出生的地方,是它们的故乡,等它们千里迢迢迁徙一趟,并且在历练中真正长大的时候,再次回到这里,一定深感亲切。

我看的书是《自然原理》(Nature Principle),这本书谈到自然对现代人的身心疗愈作用,并认为很多人都患了一种"自然缺乏症"。人们在骨子里也有自然为家的基因,只是时间久了就会忘记这回事,回到自然的怀抱里才有所觉察。自然是母性胸怀、包容一切的女神吗?那样想是容易理解的事,特别在情感上。但是,我更愿意认为,自然就是人跟周围这些植物动物的联结,这种联结是生命的根深蒂固的特征,必须得到充分的维护。生命不只是一个科学存在,它有多重的层次,在每个层次上,我们都应该能够统一自然与自我。

谈起联结,人们首先会想到的是人际关系、社会纽带。但是在最讲人际关系的中国,那里的生活方式跟自然最为疏离,以前是与天斗其乐无穷、与地斗其乐无穷,毁林开荒无所顾忌;现在是靠山吃山靠水吃水,吃到山穷水尽,自然被污染得体无完肤。这种观念跟自然没有认同感、归属感，把这些都从人性中抹去了，连"人性"这个词有时也变得负面起来。越是这样的疏离文化里熏陶出来的人，越是缺乏人性的悲悯、豁达、诗韵等素质，越是虚荣、物质和自私冷漠。爱护自然、亲和自然，本质上正是爱护一个人本身，一个人要跟自己真正亲和，要不然，他其实自己正是自己的敌人。

（二）

赶在太阳落山之前，大雁和野鸭家族都结束了一天的活动，在池塘边早早汇合，仔细梳理羽毛。天色还亮，水鸟们专注地过滤着浮在水面上的水草，有一只鸭子带着小鸭子们还在嬉戏，小鸭子游得飞快，直线冲来冲去，肯定都是些顽皮的男生。

这些跟随自然的节律作息的动物感觉不到时间，就好像我们坐在飞机里感觉不到自己在运动一样。时间这个概念存在与否对它们来说并不重要，但时间却正是人类焦虑的根源。跟这些生灵们在一起，忘掉时间，也就在这段时间里远离了焦虑。何必专心于研习打坐冥想的技术，在水边的草丛里散散步，效果就很好。一年到头都隐身在自然深处忘记时间的人，应该是令人羡慕的了。

隐士，依然是一个很潮的话题，一本美国出版的《空谷幽兰》，中文版一经面市就立刻风靡，如今又要拍成纪录片了。那本书的作者，中文译名是比尔·波特，书里讲的全是中国自己的东西，但这些话要用外宾的嘴说出来才中听。其实，比尔·波特因为仰慕中国文化，给自己取的中文名是"赤松子"，颇有道骨仙风的味道，原书所用的笔名就是这个。可惜中文版偏偏不能用这个他自己很满意的名字，偏偏现代的中国人就崇洋。

隐士之令人着迷，绝不是因为孤独，一个人乐活。都市人也有隐居不出的生活方式，整天泡在网上聊天打游戏，"宅"，但这种方式被认为是病态。隐士们过的是另一种"宅"的生存。人都有归家的天性，就像有些看透了红尘的人即便把一切都可以抛弃，也还是有找个庙观栖身的愿望，区别不过相当于是跟红尘大哥离了婚，回到娘家，那才是无条件接纳自己的家。

　　有缘得见一面的"兜兜文学社"贾晋蜀兄弟，在大街上摆摊卖书，流浪四方无处为家，他对世外的隐士生活也很向往，说冬天来临之前希望去山上建一个自己的茅屋，储备一些土豆白面之类，冬天每日打坐参禅修心养性，大雪封山以后整个冬天都是下不了山的。最近有一套某艺术家在终南山租房子的照片，他打造成潜心作画修行的地方，一时传遍了微信圈。很多人也向往起那样的神仙日子来，可想得很好，去了才会发现满员，到终南山来学当隐士的人已然有好几千。

　　人不愿意宅，可人人都愿意回家。家不是住所，家是一种感觉。爱鸟的人给高地公园的小鸟们制作了各种好看的小房子，挂在墙上和树上，有红色、有蓝色，还有童话一般好看的雕花，按着人的标准来说，个个都是豪华别墅。可是，小鸟们却不来住，它们宁愿在芦苇丛里用干草搭的窝里呆着，金窝银窝不如自己的鸟窝，特别是在自然的怀抱里的鸟窝。

　　别说小鸟，就是住在豪宅里的富人自己也明白这一点，真正的别墅怎么能没有大树、花园和流水呢？有个朋友几年间搬了三次家，越搬越远，最后搬到了郊外的别墅区，屋后就是小河，河里还有小鱼、小虾、青蛙、螃蟹，河边草木丰富，岸边的泥地里满是小孔，每个孔里都有一只螃蟹。这些东西以前在农村的时候不觉得什么，走南闯北折腾了几十年，费了一圈周折，最后再次看到这些，居然竟是自己最想要的。

渴慕以山水为家的灵魂们，把自己所要的美好的形容词都用来歌颂自然：抚慰、疗愈、启迪，等等，身、心、灵三重生命都受到最好的呵护。不过，像这些小鸟们一样，要寻找家的感觉何必大老远跑到深山老林里去呢？身边随处都可以为家。人们最容易对天边遥不可及的绿洲产生无边的遐想，却忽略了自己身边的家园。

首先，给身边的草木和动物命名，用你自己起的小名称呼它们，这是你跟生灵之间最亲切和私密的纽带，它们也就成了你的家人，这片公园就是大家共同的家园。其次，作为家人你还得要有一颗欣赏的心，眼睛里看得到它们各自独特的美。再次，你得经常跟它们在一起，每天要有一些时间在一起度过，也不一定要做什么特别正式的事，过日子其实也就是这么回事。所以，哪怕去树下走走，都是值得珍惜的好事。

小隐隐于山，大隐隐于市。山和市的边界在哪里呢？也就是问，自然和城市的边界在哪里呢？假如你认真思考这件事的话，屋后的小河是自然，后院的草坪是自然，楼下的花池是自然，桌上的插花是自然。自然只是被离解成了碎片，天地生机的网绝不应该这样支离破碎。藤蔓怎样爬满墙壁，树枝怎样盖过屋顶，这些碎片就应该怎样互相连接起来。这样你从来就没有离开自然，所以也不必另外去寻找自然。

存在与生成

共存、耦合的存在主义。

（一）

存在（Being）不如生成（Becoming）。存在主义者认为，生成是空洞虚幻的，只有存在成为事实的才是实质。存在主义者所理解的"存在"是静止的，跟禅者所理解的动态"存在"不同。在禅者看来，诸法空相，无常才是常态。

把尼采算作自然主义者是不错的，尼采把生命的一切现象跟整个自然世界的背景相联系起来。但是，尼采的自然跟我们的自然不同，这种不同从什么叫"存在"就已经开始。

但为什么要把存在和生成分立起来呢？存在本身就是生成的存在，不只是已生成的存在；生成本身也应该是存在的生成，不能仅仅落于未存在的生成。这种态度以当下为联结存在与生成的关系，当这种关系成为真理的时候，存在与生成也都包括在真理当中。

如果真理是指主体与客体之间的某种关系，那么真理在成为真理的时候，主体和客体也都包括在真理当中。

(二)

当下作为一种关系，无法脱离存在和生成而去定义，孤立的当下是不存在的。当下、存在与生成，三位一体，互相注解。"过去之心不可得，未来之心不可得，当下之心不可得"，是这个意思吗？

科学主义相信且仅相信各种测量数字，认为那是绝对客观的真实，而数字本身却是绝对抽象的。所谓当下，也只是一种用于描述世界的抽象。

写《当下的力量》那个作者，他的当下是静止的。原话说，是"存在的圆满（Fullness of Being）"，而不是"行为（Doing）"。猫猫在窗前悠闲一日无忧而过，是他的禅师。这种他所理解的禅的问题——堕入了死寂。这个世界没有过去、没有未来、没有丰满、没有体积，一切只是一张照片，绝对静止，"当下"被拉到了无限漫长。

(三)

个体化的存在主义，分割孤立，人和人之间的特异价值观被全部认可，具有等同的身份，由此造就成多重宇宙的困局，每一个宇宙泡里面都是一个封闭的世界，虽然表面上看很繁荣，但宇宙跟宇宙之间不联不通，这种多样性也就没有了一丝存在的理由。如此纯粹存在主义的局面本身却违背了存在。

设想生态主义的存在主义，每一个存在都是一个生成中的进程，存在与存在之间有着联通、交换和超秩序的整体建构。这为无限层级的秩序打开了可能性。最小单元如耦合的两个存在进程之间，它们构成一个共同进程的两个分支，在另一个维度是合一而且不断生发成长的，所以我们要考察那个维度的这些"耦存"进程。

注重现实的"共存"思维（Coextentialism）是一种民主替代物，在上述的宇宙泡之间建立了物质传递的渠道，整体上就形成了共存的局面，但宇宙泡彼此之间仍然是各自为政。这种局面未必是以个体的存在主义为基础。失去了个性的存在主义将成为精英主义、极权主义的同盟。耦存的存在主义则是立足于个性与超个性的，更加符合生态的思维。

勿忘我，悟忘我

无我的人则总是有独立的精神。

（一）

存在主义关注阴暗面，是因为他们认为那是人的起点，亦即不完美。人性是成为的，从奴隶到将军，从媳妇熬成婆，从恶心烦乱的存在底层开始吧。存在主义是有目的论。人是自己所认知的自己，但这种认知完备吗？事实是绝大多数人根本不认识自己，基于此的选择是盲目的，不存在主动性的选择和成为，因而终生困顿于存在主义的起点。

所谓不变的完美人性只能是虚妄。为什么不能安住当下而被一个虚妄的未来所耗费？对此在的不满恰恰是他们最不舍的执着。或许禅正是在这一点上胜出。存在以超越为目的，但是，恰恰是超越，跟禅的自性俱足相悖。

存在主义的行动和道德论基于人对人的彼此观察和效尤，这种能力是极其初级的。以禅的认识论来说，却又无需以所成为的所谓本质来为行为背书。且看自然，自然不需要成为所谓更好的自然，每时的自然也不是不完美而必须修改的自然。自然不被目的、本质所限定，也不存在相对于这种限制的自由。当人以无我作为生命状态时就拥有这种无需相对性的自由。

认识，必须先于一切选择。真正的认识自我，即是认识到"无我"。任何理想的、对人性的美化和神化仍然有善恶二元论的嫌疑。"不选择"也是一种选择，这种自由让你无处躲避，懒惰是罪，而无处可逃正是焦虑的来源。宗教靠着自我欺骗而回避自由、为回避建立道德上的证明，所以我无法成为一个教徒。

（二）

"水仙少年长得美吗？"湖仙红着眼睛问道。

"有谁能比你更清楚呢？"山林女神们惊讶地回答，"他每天趴在你面前欣赏自己的美貌。"

"我为他而哭，并不是因为他的美貌，"湖仙定了定说，"是因为每次他趴在我面前时，我都能从他的眼瞳里看到我自己美丽的影子。"

（三）

弗丽达（Frida Khalo）特别爱画自画像。最早时候我有点不确定她到底是男是女，被两道卧蚕眉和两撇小胡子给弄糊涂了。自画像却跟自恋无关，她扮演弗丽达的摄影师，通过观察解析自己来透视人性深处，尤其是女人，而她有意表现的浓眉薄须又显示出超越性别限制的中性倾向。

艺术家们似乎毫无选择地必须迷恋自我，但是真正的艺术家超越了简单的自恋。所有的禅诗里都浸染着一种相同的美，空寂，一首禅诗看上去就等于所有的禅诗。所有的宗门典故都记载着同一个话题，反反复复说的都是禅。但后人不厌其烦地记录了每一首禅诗、每一段语录，却正是因为每首诗、每句话的独特个性。

说"不超越"，但"无我"却又是超越"自我"的，有路可行的超越自我归属于存在主义，无路可行的超越归属于禅。《西游记》主题曲唱道："敢问路在何方？路在脚下"，而禅师大概会说：当你不再走路的时候，你已经来到目的地。

（四）
那个叫做仓央嘉措的六世达赖喇嘛，留下了不少真真假假的情歌。问题是以上这些情歌都不是情歌，讲的全是关于真理的事，却不说自己在追求真理。

爱一个人，也会用种种的语言和行为表达自己的个性，在方方面面都浸透了爱，而对爱本身则绝口不提。

能看得到禅的诗，尚不是禅诗。能听得到爱的表白，尚不是真爱。

（五）
所罗门王做《雅歌》，很细致地夸赞女人从头顶到脚尖的每个部位，还编到《圣经》里——头发像山羊群一排排地卧在山脚，双乳好像百合花从中吃草的一对小鹿，脖子好像国王收藏武器的高阁，周围还挂满了盾牌——真亏他想得出这些奇特的比喻。——真理是清晰的，有鼻子有眼有个性，像佛陀造像的三十二相庄严，五百罗汉的各个不同。

求取真理的人却常常是模糊的，相同的佛珠，相同的外衣。"我爱你爱得忘了自己"，歌好听，话却难接受。靠着模糊自我、消除个性怎能寄望获得至终的爱、至终的真理？那样的爱与真理也就没有了存在的根基。

"无我"不等于"没有自我"。没有自我的人总在央求别人来帮助寻找丢失的自我,无我的人则总是有独立的精神,不管他行至何处、遭遇何事都岿然如此。

旅行禅

人应该置身自然当中，才能思索人与自然的关系。

置身自然，不可避免地感到人自身的渺小。但是与此同时，人又强烈地感到一种亲切感和归属感，一种虽然微不足道但又被自然眷顾的感怀。佛说所谓微尘，即非微尘，是名微尘。浩瀚自然的阳光和空气抚及每一粒微尘，微尘与自然之间的关系应该怎样去感知呢？

（一）旅行的缘起

都市的时间过得很快，因为每个人都太繁忙——其实这个词最应该写作"烦忙"，不论繁星满天还是繁花遍地带给人的都是心的愉悦，而都市的繁华忙碌经常带来的却是心的烦扰。因此度假的机会一来，首选就是要逃离钢筋森林，投奔大自然的怀抱，去那里找回失去的时间——云霞游弋之"时"、湖光山色之"间"。自然的怀抱是繁忙者释放的地方，是修行者冥想的地方，也是音乐家采风的地方，那种共通的纯净、恬淡与静谧正是心灵的向往。在落基山脉的这一块，集中了班芙、贾斯帕、幽壑等好几个久负盛名的国家公园，难怪各种修心养性的活动都在这里大行其道呢。

这么说来就有点刻舟求剑的味道：在一个地方丢失了心灵自由、丢失了闲暇从容，却去另一个地方找寻。不过谁都没有觉得这样有什么不合理，因此，显然这条船并没有靠岸，仍然还在同一条河水的中央。时间是河，自然则是屹立的山；时间之河虽然同样地在自然的每一处流过，但她却凌驾于时间之上，在那里存在着，"自在"永在。时间的威力在于它的限定能力，躯体有自身不能逾越的、镰刀般的时间界限，因此我们敬畏时间、痛惜时间。

自然没有大限，时间在自然的身边成了千变万化的水，"时"而化作云雾、"时"而化作冰川，并在这千变万化之中成为自然的生命。不论一抹留恋不去的浮云，还是一泊碧蓝清澈的湖水，立刻会让一座山显得亲切而生机勃勃。

自然也没有疆域，不论哪里，只要走出都市生活的樊笼，走进的都是同一个大自然。站在湖畔山巅，快乐的旅行者会说：此刻我与自然融为一体了，多么惬意，多么自在！借着这种亲切一体的交融，你我的心灵得以超越时间的限制。都市那种背离自然一体的生存方式，本质上就是对边界的强化，从方格子的办公隔间、方格子的报表、方格子的汽车、方格子的街道与大楼、方格子的电视屏幕直到方格子的骨灰匣，终其一生，心灵都在各种各样的条条框框之内，从生到死艰难地画一个"圆"满。因此，自然给你我的一个重要功课就是：如果只是屈服于时间，那么时间就变成剥夺生命的死神；如果能够驾驭时间，那么时间就变成让生命更丰满富足的天使。

眼前的这一爿天地景物彻底打乱了时间的记事本：陡峭的山峰就是亿万年前的海底，那里还有许多菊石；不远处的冰川是百万年前的层层冰雪与尘埃，逐渐融化了变成流水，从脚下汩汩地流过；山坡上的松树已经顶着严寒长了好几百年，坡下另一边的青草和探头探脑的松鼠则都是今年新生的。对自然来说，"当下"是什么？当下的情景是由最古老和最年轻的种种混合而成，而这样的存在方式是跨越了时间的。那么，该用什么来标度呢？

该用生命的尺度来标注自然的成长，从简单到丰富，从美丽到更美丽——而人生与此同理。

（二）生命的尺度

美丽的加拿大落基山脉国家公园群是生命的乐园，抑或是因为生命而更显得美丽。这里分布着四个世界遗产级国家公园、三个省立自然保护公园，遍布高山、冰原、瀑布、河流、湖泊、温泉和森林。落基山脉连绵不绝地耸立在一望无垠的太平洋与一望无垠的大平原之间，把东边的卑诗省和西边的阿尔伯塔省分隔成两个不同的世界。西边潮湿多雨，一年到头长着各种各样的鲜花，南来温暖的洋流把沿岸的地域变成温和娴静的气候，尽管这里的纬度赶得上黑龙江。东边就不同，暖风只能从山峦的峡谷地带绕过来，漫长的冬天里一直跟南下的极地寒流在旷野交战，隔两天寒风刺骨、隔两天暖意和煦，有时冷暖前锋就在城市的街道短兵相接，街头下霜，而街尾解冻。

生命的形态首先取决于地理：东边的平原全是草野，几乎没有树的踪影，偶尔看得到的群落往往是近几十年所开发的新的农庄和小区，西面直到海边则都是繁盛的各种阔叶、针叶的树林；山脚都是茂密的森林，挺拔的枞树、松树肩并肩生长，阳光都很难穿透，因此枝叶都集中在树梢；越往山顶走，树木越矮小，直到最后匍匐在地上，或者挺立在石缝里靠着那一点残存的土壤顽强生存。在这样的植被当中，生活着许多动物。

这一带有熊，导游手册里着重指出的，还配有详细的逃生指南，因此一开始就期望不要跟狗熊遭遇。路边休憩时，偶遇的游客向我们神采飞扬地汇报，说刚刚就在路边看到了熊，还展示了数码相机里的照片。照片上熊妈妈带着两个熊仔，多半是赶去附近某一片浆果丛，让小家伙们美美地饱餐一顿，可见天下做母亲的都是一样。从拍照的距离看是很近，只有十来米的样子，可手册上说一定要保持一百米的距离才好，这么近难道不危险么？但见黑熊一家子兴致高昂，也没受到惊吓，也许是见惯了往来的汽车，以及寄生其中的一种奇怪的两足动物吧！熊爱吃浆果，眼下是浆果成熟的季节，熊们最快乐的时候。有一个旅游项目说是观熊之旅，看不到熊不要钱，兴许是去长着大片的蓝莓、野莓、黑莓的山坡，说不定会有二十只黑熊在一起野餐，就像我们这些拖家带口一起野餐的人类一样，那场面想想都好笑。

驱车缓行，有时会看到前面路边停了好些车，不用说，准又是发现了什么动物了。于是每逢这样的情形，我们也开始期望能看到狗熊，看看即可，只可远观不可亵玩焉。有一回在上山的途中，转过山脚，碰到一群马鹿，有十来只貌似一大家子，唯一的雄鹿头上顶着很长很雄伟的角，让人不解的是，戴着这顶一米来长的王冠怎么在密林里穿梭？马鹿的体型高大，真正对得起"马"鹿这个名号，它的玉照是上了硬币的，马鹿的数量也跟硬币一样多，不算稀奇，稀奇的是不避人。

路边时常会看到画着动物头像的限速路牌，提醒游人正在动物保护区内驾驶。同行的美国朋友觉得新鲜，端起相机对着那些马鹿、郊狼、盘羊或者黑熊图案的黄色招牌拍个不停。

功夫不负有心人，这一天终于给我们看到了黑熊，百分之百纯天然。

距离很近，但我们安全地待在车里，还是不敢像其他那些胆大的人那样走下车去抓拍——毕竟我们车里有很小的孩子，而对面是一头凶猛的动物。黑熊的尺寸比想象的要小，也许是吃的垃圾食品少吧——国家公园里所有的垃圾箱都是防熊设计的。它的脾气也比我想象的平和，只是忙不迭地往嘴里塞野莓，动作敏捷得很，间或斜一眼几米开外的摄影师们。导游书上说，这个季节黑熊一天可以吃掉两万五千只野莓，想来当一只黑熊也不是个容易的差事，还要完成这样艰巨的吃饭任务，怪不得黑熊忙得顾不上理我们，忙着哪！

　　看来不止黑熊和马鹿不怕人，体型小得多的野生绵羊也不怕。在一潭名不见经传的湖边，遇到的是一群羊丁兴旺的咩咩，足有三四十只，小的天真活泼，大的神态自若。要么是这种食草动物天生脑子愚笨，要么是性情太温良不懂弱肉强食，因此在人类的先祖时代就早早地成了为人类豢养、杀戮的家畜。还有一次遇到成群的野鸭子，就在我们的脚边兀自忙着吃草，也不躲避；路边住在地洞里的小小松鼠也不断追着我们的脚步，探头探脑地看我们有没有什么吃的，有的吃得体态臃肿，像极了动画片里的角色。按法律规定，给野生动物喂食是不允许的，但谁又能挡得住如此可爱的小动物期盼的目光呢？于是纷纷从口袋里拿出花生、饼干，看着它们捧在手里，鼓起腮帮子开心地啃。

　　这里是动物们的家，我们是闯进来的客人，动物们的态度多数是平和、和睦，而不像人类对于不速之客的态度往往是攻击、驱赶。也许这一带公路两边的场所对于它们来说就是假日带孩子出来游玩的动物园，它们来看的是我们。

　　谁是密林和山川的真正主人？是有户口本和产权证的人类，是温良的草食动物，还是那些从不露面的郊狼、黑豹、猞猁等肉食性的猎手？

一代代生命过去了，谁也不能永远地拥有什么，连自己的生命都不能永远地拥有。

（三）自然的约法

菊石的化石已经变成了缀满晶体、矿物的艺术品，金光闪闪地摆在旅游纪念品商店里；恐龙的骨头也变成了硅铝酸盐的岩石，唯一留下的只有结构和纹理。然而菊石变成了海螺，恐龙变成了飞鸟，孤立的个体凋零了，生命的一体则是越来越完美。当人类与动物希望占有更多地盘与妻妾、财富与权力的时候，遵循的是孤立的原则，唯"我"而独尊，但这一原则的背后是对时间的惧怕，却必然被死亡所征服。自然遵循一体的原则，生命则从不离开自然。

人类肆意活动已经给自然带来了很多的伤害——冰川已经在越来越快地消融，公路交通带来的废气污染让山区的空气也多少有些不太透明，湖畔山坡成片成片死去的松树林尤其怵目惊心。这些松树是被一种蚂蚁大小的寄生虫咬死的，它们钻进松树皮的软木层，咬断筋脉，结果整株树木得不到营养和水分，树皮剥落、干渴而死。据说如果找不到有效对策，十几年后山上百分之八十的松树都会死掉。当地政府为了保护其他森林，在病区周围开辟了数米宽的隔离带，类似隔离山火那样的做法。于是你会看到美丽景区的山坡上横亘着一条这样令人痛心的伤疤。问题是千万年以来这种虫子在当地一直存在，是什么让它们忽然成为紧迫的威胁？

问题的答案是全球变暖。过去，阿尔伯塔的冬天漫长而寒冷，大部分的虫子都被冻死，自然借此维持着生物间微妙的平衡。现在冬天不那么冷了，能够越冬的虫子越来越多，而夏天的温度也更高、更有利于害虫的大量繁衍。松树不落叶，秋天的山坡上那些红色的松树行将枯死。

全球变暖对生命的威胁比一般人所预想的更迅速、更宽泛。随着全球温度和二氧化碳浓度越来越高，湖水变绿、冰山断裂、飓风频发、粮食减产，这些事情屡见报端。前些天跟一位倡导环境保护的科学家聊及这个话题，她说，新的科学模型纳入了更多的数据和影响因素之后，得出的结论更加令人悲观：我们所熟知的这种生活方式恐怕只能维持几十年的时间了。什么样的生活方式呢？大量消耗能源、产生污染的所谓现代化生活——重达一吨的小汽车，只载着一个一百多磅的人，95%的汽油是用来把这一大块铁搬来搬去；人们喜欢住在城郊的大房子里，每周一次集中购物，冰箱里塞的东西要一直冷藏好多天，比起每天购买新鲜的蔬菜，不仅白白耗费了能源，而且还不健康；城市的高楼、汽车、空调越来越多，大量的热量、废气聚集，又导致人们安装更多的空调和净化器，如此恶性循环下去。而这一切就肇始于十九世纪四十年代的工业革命，那是人类试图驾驭自然的开始。

如果不阻止这个趋势，终有一天，人们忽然醒悟，二氧化碳浓度原来已经高到空气就要不能呼吸了，那时要采取的控制措施必定严厉无比——汽油的价格必定高到没有几个人舍得自己开车，甚至坐飞机旅行也将成为不可企望的奢侈，耗能大的空调、冰箱之类也将大量停机。人们建造的现代化城市彻底成为牢笼，人人都将呼唤与自然和谐一体的生活方式的回归。在中国，人们本来徒步、骑车或者搭乘公交，上菜市场买菜、在街边散步闲聊，如今大家都急切地要转换成西化的生活，而西方却开始倡导起这种传统的生活方式。

于是趁着暑期温和少雨，国家公园纯洁天然的美景引得游人如织。

跟随旅游团的大巴观光拍照，乘着缆车登上山顶环顾群峰，在博物馆和纪念品柜台前浏览——那是远道而来的各地游客们做的事，住在本地的人们更多地用双手双脚与自然亲密接触。每逢周末，许多人拖家带口地前来爬山，从碧蓝的湖水之畔出发一直登上万年积雪的山顶，呼吸着森林的气息，耳边不时传来怪鸟、鼠兔以及溪水的声音，偶尔还可以发现形状稀奇的花朵和蘑菇。有些人还带着狗，这些性格乐天的宠物爬山是一流好手，精神足力气大，走累了的孩子可以拽着狗的缰绳借点劲使使。

这一带有无数的山头和湖泊，各级政府建造了许多供游人徒步的小道和露营的场所，并在地图上有详细的标注，这也是最为普及的两项免费活动——至于划船等娱乐性的活动都要花费不菲的银子。同在一座山，受过专业训练的人士则在攀岩、滑雪、漂流和骑山地自行车，一年到头都有各种官办、私办的训练课程。

沿着公路时常遇到骑自行车旅行的人，他们身上背着厚厚的行囊，其中裹着衣服、急救箱、帐篷、手电筒等必备的东西，在这个手机没有信号、公厕简陋到比粪坑强不了多少的山区，骑车去几百公里外的城市真的需要足够的毅力。他们不是赶路，也不是因为穷得买不起车，这只是他们的消遣方式。除此之外也有搭顺风车的徒步者，一身的风尘，往往貌似无家可归的流浪者，然而十有八九并不是——真正的流浪汉不离开都市的角落，饿了就去领公家的救济餐，饱了就在街角举个牌子或者在街头缠着行人讨钱买啤酒喝，而后醉醺醺度过一天。选择徒步搭车，同样也是一种消遣方式，但是更冒险和朴素。我们在大学时代也有过相似的豪情，随着年龄增长越来越中规中矩，如今连赞赏的心思都没有了，觉得跟他们是在两个不同的世界——他们是风景，而我们是车窗玻璃之内的观光客。

都市生活在方方面面给我们规定了每天的功课,人人过着彼此相仿的公式化生活,工业社会里整个社会生活的核心是机器,而所有的人都在为机器打工。相比之下我们与流浪汉之间物质储"量"的区别大于生存本"质"的区别。就算一味追求更多的物质拥有,一味用更新换代的感官刺激替代简单的啤酒级愉悦,我们在某种程度上也一直是孤独的流浪汉。

(四)心灵的归宿

心灵在机器的轰鸣声中流浪,人们倡导回归自然,带着朝圣的心理前往西藏,也同样是为了心目中那超然世外的香格里拉。站在云霞缭绕的半山腰,站在冰川融化形成的湖畔,心底的某个角落油然而生一种归宿感。在城市的家是生活的场所,是家庭、工作、教育、交往等各种社会活动的交点,而在自然的家是非常个人的,这种归宿感跟其他任何人包括夫妻儿女都没有关系。

落基山脉两侧的两省地区,各种灵修活动方兴未艾,人们热切地修习瑜伽、灵气、气功、冥想,购买草药、灵符、宝石、信物。得天独厚的灵山秀水激发了人们的寻求欲望,而那些一时难以接受神秘玄妙之事的人,则可以选择拿起画笔涂写对大自然的印象,同样也是为了修身养性。本地的商场和图书馆出口有一本免费赠阅的杂志《共时》(Synchronicity),得名于心理学家荣格提出的词汇,选择这个词汇的寓意是:人生的经历都是有意义的,一切都为了心灵的成长。心灵自我的成长是人生存在的意义所在,正如生命的成长是自然存在的意义所在。

人类自诩其创造能力，科技飞跃，知识爆炸，几乎要以造物主自居了，然而人类不能创造生命，连最简单的单细胞草履虫也制作不出来。讽刺的是，人类在创造死亡和毁灭方面却是有目共睹，最高精尖的技术也往往首先用来制作武器，自然及其繁荣的生命默默地为人类付出代价。

自然已经守护了亿万年，人类的工业革命才一百多年就把世界弄得危机四伏。我们是否愿意放下自己的骄傲，谦卑地向自然询问，如何才能让这个世界越来越美好呢？在自然的眼里生命就是美好的，而生命不能孤立地存在，人类必须关爱自然、必须珍视生命。

沿着随处可以入画的冰原公路一直北行，很快就来到久负盛名的哥伦比亚，这片位于群山之巅的冰川有两百多平方公里，游人能够看到的只是很小的一角，因为冰原上到处是冰窟窿，绝不允许随意行动。乘着专用造价达百万美元的冰上汽车来到泛着蓝色的冰原，周围是连绵不断的冰峰，脚下是存在了亿万年的凝固的云。融化的流水在冰上蚀刻出奇异的"地"貌，这些水分别注入三条大河，奔向太平洋、大西洋和北冰洋，正如青藏高原同时诞生了养育华夏的黄河、长江和雅鲁藏布江。你一定要饮一口那潺潺流动的万年冰水，那是涤荡心灵的圣水，你将在刹那间领悟自然的永恒存在与关爱。清凉的水沁入心肺，迅速融化入你的肌体，成为你的有机的一部分，自然与你就如此一体了。

冰川融化出的水，带着千万年前冲刷下来的泥浆，一路奔流，在路旁的一片浅滩舒展开来，不知是谁首先发现了这个外表平淡无奇的地方。水色发白，水中那些细细的沙子逐渐沉积下来，形成了海滩般细腻而平坦的河床，水深只不及膝盖。这片河水实在太宽了，宽约一公里，长好几公里，天然的游戏场所，孩子们的天堂。路过的人们纷纷停下车,挽起裤脚,跑到河里来蹚水。鹿在公路的另一边吃草喝水,那边的湖泊是另一种颜色,静静的深蓝。

这片名不见经传的冲积滩竟是我们这次一周旅行中最令人兴奋的地方。在水一方是我,站在河水中央,细细的波浪不断扫过,岸边在好几百米之外。四周的视野如此开阔,顶着积雪的群山,上面是蓝色的天际和白云,下面是清一色百万计的针叶树。亿万年前这里曾经是海底,如今这个位于高山之间的沙滩应当可以算作大海的珍藏。我们着实是走在自然的昨天里,这一页珍藏了许久的日记,写的是大自然她自己那逝去的青春。我自己也走过了不少的春夏秋冬,于是我需要问问自己,我自己的生命成长了多少?心灵成长了多少呢?云彩满天,这里的云变幻万千,有时在山间环绕,有时从山顶飘过,不知道哪一朵会突然下雨,而我们在夕阳下结束与自然一天的接触之后回到旅馆时,几乎天天都看到彩虹。

后记

  感谢禅艺会纯道君的赏识和大力推介，把我过去七八年来相关主题的拙文汇编在了一起呈现给同行者，以遍地翠竹黄花之禅意为意象，不敢于经典公案方面班门弄斧，而求以生活实际中的体悟为引玉之砖。感谢插画艺术家红阳的精致创作，这些漫画本身就都是深有禅趣的独立作品，这本小书能够得到它们，甚为荣幸。

  这些文章中经常浮现的一个主题是缠中说禅，通俗地说就是各种纠结，谁没有为各种事务感到束缚、感到无助的经历呢？解脱二字，亦是面对纠缠而言。对抗和逃避都不是最好的办法，接纳和运转才是，而如何去做，即涉及了对实相的认知与思索，自在才有自由。另一个主题是心灵生态，主张人与自然的合一，在心灵与物质的层面上都是如此，上海三联书店出版的拙作《雏菊世界》也力倡，心灵成长与生态保护这两个看似无关的东西其实是非常相关的，庄子是让人归于自然，禅则是让自然归于人。再有一个主题是生命伦理及自我发展，不仅从生命的层面上、在马斯洛金字塔的高处看待人生本身，超越生存及生活的层面，而且从超越个人边界的角度反观小我，对一些传统观念进行一定的反思解构。还有一个主题是跨越文化与信仰的求同探索，冀望从爱、真、美与自由的方面汲取各家智慧，而非细分差异、褒贬此彼，那也不符合禅的精神。

　　禅是什么？也许不能定义禅是什么，"说似一物即不中"，因为禅不能用静态的具象表达。禅是道路，是生命，是自由，这些都是动态的过程，任何描述都只能是一个切片。禅是一种质疑与反观的精神，仿佛走在沙地上的行者，在每一个脚步不能驻足，思想的翅膀长在脚踝，以问题引导答案，不断推陈出新地构建意义，填充人生使之日益丰满，克服虚无主义的绝望，又即如贴地飞行的比喻，不离开生活又超越于生活。在不断的描述与超越中、在解构与建构的反复递进中，以自己的人生进程本身活出禅，成为道路，成为生命，成为自由，这是我需要对自己负责的事。

2016 年 1 月

图书在版编目（CIP）数据

禅艺春秋 / 周宇著. -- 上海：文汇出版社，2016.8
（禅艺文化丛书 / 纯道主编）
ISBN 978-7-5496-1794-4

Ⅰ. ①禅… Ⅱ. ①周… Ⅲ. ①随笔－作品集－中国－当代 Ⅳ. ①I267.1

中国版本图书馆CIP数据核字（2016）第150919号

禅艺春秋

著　　者：周　宇
插　　画：李红阳
责任编辑：何　璟
装帧设计：蔡沪建

出版发行：**文汇**出版社
　　　　　上海市威海路755号
　　　　　（邮政编码200041）
经　　销：全国新华书店
印刷装订：上海新文印刷厂
版　　次：2016年8月第1版
印　　次：2016年8月第1次印刷
开　　本：640×960　1/16
字　　数：200千
印　　张：18.75

ISBN 978-7-5496-1794-4
定　　价：48.00元